KB155939

배움에 골든타임은 없다

50년 샐러던트 신재홍의 평생학습 기록

배움에 골든타임은 없다

신재홍 지음

가디언

'조용한 매의 전사' '연금술사' '샐러던트'

제 이름은 '조용한 매의 전사'입니다.

무슨 뚱딴지같은 소리일까요? 이것은 1953년 4월 22일생(음력 3월 22일)인 저의 인디언식 이름입니다.

1990년에 개봉해서 아카데미상 9개 부문을 휩쓴 한 영화로 인해 인디언식 이름이 알려지기 시작했습니다. '늑대와 춤을', '주먹 쥐고 일어서', '열 마리 곰', '머릿속 바람' 같은 이름이지요. 인간도 결국은 자연의 일부라는 믿음으로, 자연과 함께 자신들의 삶을 영위하던 아메리카 인디언들의 지혜가 엿보이는 이름짓기라고 생각합니다.

이 매력적인 인디언식 이름은 아직까지도 사람들의 관심의 대상인지, 자신의 생년월일로 인디언식 이름을 짓는 표까지 만들어졌더군요. 저도 재미로 해보았더니 '조용한 매의 전사'라고 나온 겁니다.

그런데 대체 왜 사람들은 자신의 이름을 이렇게 다양하게 표현하고 싶어 할까요? 태양이, 나무가, 불꽃이 자신의 이름이 된다고 해서 모든 사람이 완벽하게 태양처럼, 나무처럼, 불꽃처럼 살아갈 수는 없을 것입니다. 하지만 자신의 또 다른 이름을 되새기며 그것을 거울삼아 살 수 있다면, 어느 정도 닮은 삶을 살아갈 수 있지 않을까요?

그래서 저도 재미로 만들어진 개성 없는 이름 말고 제게 잘 어울리는 제 2의 이름을 직접 지어보았습니다. 바로 '열정적인 평생교육의 연금술사'입니다. 여기서 잠깐, 연금술사에 대한 얘기를 해볼까요?

브라질의 작가 파울로 코엘료의 소설 〈연금술사〉로 유명세를 탄 이 단어는, 값 싼 금속을 금으로 바꾸어내는 기술사를 뜻합니다. 그야말로 마법사 같은 존재였던 연금술사는 현재까지도 새롭고 고귀한 것을 만들어 내기 위해 노력하고 도전하는 사람의 대명사가 되고 있습니다.

〈연금술사〉에 이런 말이 나옵니다.

"자네가 무언가를 간절히 원할 때 온 우주는 자네의 소원이 실현되도록 도와준다네."

꿈을 믿고 그것을 실현하기 위해 먼 길을 떠난 양치기 청년 '산티아고' 앞에 나타난 샬렘의 왕이 한 말입니다. 지혜로운 늙은 왕은 또 이렇게 말합니다.

"우리 모두 자신의 보물을 찾아 전보다 더 나은 삶을 살아가는 것, 그게 연금술인 게지. 연금술사는, 우리가 지금의 우리

보다 더 나아지기를 갈구할 때 우리를 둘러싼 모든 것들도 함께 나아진다는 걸 우리에게 보여주는 사람이라네."

사람들은 저마다 자신만의 금을 만들기 위해 실험하고 노력하고 인내하고 때로는 실패도 하면서 연금술사가 되어 가는 것 같습니다. 그래서 자신만의 연금술을 어느 정도 터득한 사람은 주변 사람들도 함께 나아지게끔 도울 수 있을 것입니다.

저는 그런 의미에서 교육, 더 나아가 평생교육의 연금술사이고 싶습니다. 비록 연금술사가 금을 만드는 기술을 완성하지는 못했지만 그 과정으로 인해 많은 화학 기술이 발전했던 역사처럼, 올바른 평생교육을 위해 꾸준히 달려가다 보면 많은 것들을 이룰 수 있으리라 믿어 의심치 않습니다. 그래서 '열정적인 평생교육의 연금술사'라는 표현은 제가 묵묵히 걸어온 삶, 또 앞으로 열정적으로 헤쳐 갈 삶을 가장 잘 표현해낸 제 2의 이름으로 가장 잘 어울린다고 생각합니다.

여러분은 어떤 제 2의 이름을 원하시나요? 한 번 지어보면 어떨까요? 아, 이제부터 시작되는 저의 글을 읽고 멋진 이름이 떠오른다면 더욱 더 기쁘겠네요.

덧붙여, 인디언은 글을 필요로 하지 않는다고 합니다. 진실된 말은 무거운 돌처럼 가슴에 깊이 가라앉기 때문이죠. 그 말은 바로, 진실된 말이 가슴에 머무는 한 그것들을 잊는 일은 결코 없음을 믿는다는 말입니다.

이제 시작하게 될 저의 진실된 마음이 담긴 글이. 부디 여러분의 가슴에 와 닿기를 진심으로 소망합니다.

아, 혹시 이 책의 제목 중 '샐러던트'라는 낯선 낱말이 궁금하신가요? 물론 쉽게 짐작이 가능한 단어이긴 하지만 설명을 해보자면, 이것은 '샐러리맨salaried man'과 '스튜던트student'를 섞어 만든 말입니다. '직장생활을 하면서 공부를 한다'라는 함의를 가지면서 고사성어로 말하자면 '주경야독晝耕夜讀'과 인근어이기도 합니다. 이제 여러분에게 펼쳐 보이는 제 삶의 행로가 바로 이 한마디 '샐러던트'로 함축할 수 있다고 여긴 까닭에 이렇게 책의 이름을 지었다는 것을 밝히며 이야기를 시작해보겠습니다.

2022년 8월

신재홍

차례

II
앎

배우고 또 익히다,
평생학습의 시작

III
함

배움의 실행,
평생학습의 실천

IV
봄

배움의 미래,
평생학습의 미래

I

삶

긍정의 힘, 교육의 시작

샐러던트이기 이전에 한 사람으로서의 일생,
지금의 자리에 있게 해 준,
작지만 소중하고 뚜렷한 궤적들을
이야기해보고자 합니다.

"꿈은 살아있는 자의 의무이자 책임"

"삶은 기억하도록 살지말고 추억하도록 살자"

1. 나의 어린 시절

칭찬의 힘, 긍정의 힘

“하늘 천, 따 지, 검을 현, 누루 황!”

오랜 세월이 지난 지금, 눈을 감아도 문득문득 떠오르는 장면이 있습니다. 바로, 무릎을 꿇고 앉아 천자문을 외우던 저의 모습입니다. 무어 그리 재미지다고 그렇게 열심인지 어린 재홍이의 머릿속을 들여다보고 싶을 정도입니다.

저는 전북 고창군 고수면 초내리에서 태어났습니다.

마을 뒤편으로는 아담한 동산이, 안쪽으로는 정자가 있는 소박하지만 아름다운 시골 마을이었습니다. 마을

한복판에는 친구들과 실컷 뛰어 놀다가 목이 마르면 달려와 두레박으로 물을 길어 먹곤 했던 우물도 있었습니다. 비어있던 뱃속에 짜르르하게 퍼지던 그 맛, 뼛속까지 시원하면서도 달착지근한 그때의 우물물은 인생 최고의 맛으로 남아 있습니다.

또 제가 살던 마을에서는 가을이 되면 논두렁 사이 수로에서 미꾸라지를 잡아 추어탕을 끓여먹기도 했던 항상 정겨움이 넘쳤습니다.

철마다 흐드러지게 피던 꽃과 가을 단풍이 절경이었던 제 마음속 최고의 산, 그래서 저의 호號를 '추산秋山'이라 짓기도 한, '추산봉'이 있는 그 마을에서 저는 고등학교 시절까지 지냈습니다.

어렸을 때 저는 참 많은 칭찬을 들으며 자랐습니다. 그 시작이 아마 서당이었지 싶습니다. 또래 아이들 열댓 명이 모여 훈장 선생님께 글을 배웠는데, 항상 맨 앞에 앉아 열심히 천자문을 외우던 저를 칭찬하시며 훈장님께서 머리를 자주 쓰다듬어 주셨던 기억이 납니다.

"두고 봐라, 재홍이는 나중에 틀림없이 큰 인물이 될 것이다."

집안 어른이시기도 했던 훈장님의 그 말씀이 제 평생의 힘이 되었다는 것만큼은 확신합니다. 그 기대에 부응하기라도 하려는 듯 어두운 호롱불 아래에서 코 밑이 까맣게 그을리는 줄도 모르고 밤늦도록 무언가를 읽고 쓰고 외우기를 열심히 하는 아이였으니까요. 그래서인지 성송면에 있는 학천초등학교를 다니던 6년 내내 우등상을 탔고, 선생님의 권유로 반공 웅변대회와 콩쿨대회라 일컫던 소박한 노래자랑에 나가 상도 받고, 세숫대야나 냄비, 주전자 같은 상품을 받아와 어머님이 반색을 하시기도 했습니다.

어린 시절 최고의 기억을 꼽자면 6학년 때 전체 급장을 맡았던 일인데, 어린 마음에도 전체 학년을 대표한다는 긍지와 자부심이 충만했던 뿌듯한 시절이었습니다. 이렇게 저는 칭찬을 양식으로 자라났고, 긍정을 벗처럼 늘 곁에 두려 노력하는 삶을 살아가고 있습니다.

이쯤에서 저는 '로젠탈 효과Rosenthal effect'를 이야기해 보려 합니다. 미국 하버드 대학교 심리학과 교수였던 로버트 로젠탈Robert Rosenthal 교수의 이름을 딴 '로젠탈 효과'는 다음과 같은 흥미로운 실험에서 시작됩니다.

▶ 1968년 샌프란시스코의 한 초등학교 전교생의 지능지수를 검사한 후, 무작위로 20%의 학생을 선정합니다.

- 이 명단을 교사에게 전달하며 지능지수가 높은 아이들이라고 말합니다.
- 교사는 선별된 아이들에게 칭찬과 격려, 긍정적 에너지를 아끼지 않습니다. 학생들도 기대에 부응하기 위해 열심히 노력합니다.
- 8개월이 지난 후 초등학교 전체 학생의 지능지수를 재검사한 결과, 무작위로 뽑혔던 20%의 학생들의 지능지수가 더 높게 나왔다는 결과를 얻게 됩니다.

로젠탈 효과는 긍정의 힘에 대한 이야기입니다. 흔히 알고 있는 '피그말리온 효과'의 교육적 영향이 확인된 것이죠. 칭찬, 즉 긍정적인 기대와 관심으로 인해 좋은 영향이 나타난다는 로젠탈 효과는 교육학에서도 주목받을 뿐만 아니라 일상생활에서도 많은 사람들에게 적용되는 이론일 것입니다. 한 사람의 자존감을 높이고 성장의 동기가 된다는 점이 칭찬이 가진 위대한 힘이겠지요. 고래도 춤추게 한다는데, 사람이야 오죽할까요.

또한 자신에게 주어진 상황을 늘 긍정적으로 생각하는 사람이 있다면, 그 사람의 옆에만 있어도 덩달아 기분이 좋아지곤 합니다. TV나 영화를 보다가 미소 짓는 사람을 보면 사람들은 자신도 모르게 따라서 미소를 짓는다는군요. 하품이 쉬이 전염되는 것처럼 말이죠.

칭찬의 효과와 긍정의 힘을 믿는다면, 주위의 가족 혹은 친구에게 먼저 따뜻한 말 한마디를 건네 보는 건 어떨까 생각해 봅니다. 그 한마디로 인해 누군가는 행복을 느끼기도 할 것이며, 더 나아가 인생이 바뀔 수도 있으니 말입니다.

그리운 어머님, 고마운 형님

오래 전, 어느 화가의 그림을 보고 눈길을 오래 멈춘 기억이 있습니다. 울퉁불퉁하고 거친 느낌의 그 그림 속에는 시장에 앉아 행상하는 아낙, 제 어머님이 있었습니다. 그것이 유명한 화가 '박수근'의 작품이라는 것을 알게 된 후, 아직도 그의 그림을 보면 항상 어머님이 떠오르곤 합니다. 박수근 화백의 다른 그림들 속에도 아낙들이 아기를 업은 채 절구질을 하거나 무언가를 머리에 이고 걷거나 냇가에서 빨래를 합니다. 그 모습들 하나하나가 마치 제 어머님의 고된 삶을 보는 것 같아 가슴이 먹먹해지곤 합니다.

저의 아버님은 첫돌이 지난 제가 '아빠!' 하고 불러보기도 전에 돌아가셨습니다. 20대의 젊디젊은 나이에 홀로 되신 어머님은 할아버지 할머니를 모시면서 형님과 저를 어렵게 키우셨습니다. 힘든 집안일과 농사일 뿐 아니라 박수근의 그림 속 아낙들처럼 행상을 하시기도 했습니다. 고창까지 20리나 되는 멀고 먼 길을 걸어 5일장에 나가 감 행상을 하셨는데, 산을 넘고 개울을 건너 큰 저수지를 돌고 돌아야 도착하는 감나무골까지 가서 땡감을 떼어다가 아랫목 항아리 속 된장 섞은 물에 담가 떫은 맛을 우려내어 그 먼 길을 나가 파신 것입니다.

박수근, 〈앉아 있는 여인〉 1963, © 박수근 연구소

어머니가 감을 사러 가시면 무거운 감을 머리에 이고 걷다 쉬기를 반복하느라 해가 저물어 캄캄해질 때까지 오시지 않을 때가 많았습니다. 어머니가 늦도록 돌아오지 않을 때면, 혹시라도 추산봉 중턱에서 내려와 어슬렁거리곤 했던 호랑이라도 맞닥뜨린 게 아닐까 하는 공포에 가까운 두려움에 떨었던 기억이 아직도 생생합니다.

가족을 위해 기꺼이 희생을 감내하시고, 생계를 위해 참 고단한 삶을 살다 85세의 나이에 돌아가신 나의 어머님! 가없는 그 큰 사랑과 은혜를 헤아리는 것은 제 평생을 다 해도 부족할 것 같습니다.

문득, 마음을 먹먹하게 하는 어머님에 관한 시가 생각나 올려봅니다.

> 그녀가 죽었을 때, 사람들은 그녀를 땅 속에 묻었다.
> 꽃이 자라고, 나비가 그 위로 날아간다.
> 체중이 가벼운 그녀는 땅을 거의 누르지도 않았다.
> 그녀가 이처럼 가볍게 되기까지, 얼마나 많은 고통을 겪었을까.
>
> \- 베르톨트 브레히트, 〈나의 어머니〉 전문

제겐 어머니만큼 소중한 형님이 계십니다. 형님에겐

아직도 마음 한편에 빚이 남아있습니다. 집안 형편상 저만 진학하고 형님께서는 일찌감치 학업을 포기한 채 가장 노릇과 어머님의 일을 거드셨기 때문입니다. 소를 키우고 나무를 하고, 농사일까지 묵묵히 해내시는 형님을 보며 저는 어린 마음에도 미안한 생각에 학교에서 돌아와 소를 몰고 나가 풀을 뜯기기도 했습니다. 또한 자주 형님을 돕겠다며 따라나서곤 했는데, 분별없이 낫을 다루다 손등을 다치고 풀을 뜯다 실수로 손톱을 베어 뿌리가 상하기도 했습니다. 그런데 그때 생긴 흉터와 덧난 손톱을 볼 때마다, 병원에도 갈 수 없어 아픔을 고스란히 견뎌내야 했던 기억보다는 황망해하며 저를 염려해 주셨던 형님 얼굴이 먼저 떠오릅니다.

어머님, 형님과 함께

형님은 그런 분이십니다. 무엇이든 자기 자신보다는 가족을 먼저 살피고, 철없는 동생 걱정을 먼저 하는 고마운 분. 이런 형님을 떠올리면 동전이라도 삼킨 듯 가슴이 뻐근해져 옵니다. 이제라도 고향에 계신 형님 살아생전에 자주 찾아뵙고 함께 지나간 옛이야기를 한보따리 풀어보리라 다짐해봅니다.

2. 나의 학창시절

소년, 희망을 꿈꾸다

저는 학천초등학교를 졸업한 후 집에서 8km쯤 떨어진 고창중학교로 진학했습니다. 그런데 그 길이 어찌나 멀었던지 쉼 없이 걸어도 한 시간이 넘게 걸렸습니다. 어린 나이에 통학길이 아득하게 느껴질 정도로 너무 힘들었지만 집안 형편상 자전거 같은 건 꿈도 꾸지 못했죠. 그런 제가 안쓰러웠는지 어머니께서 2학년 때 누군가 쓰던 자전거를 사주셨습니다. 그 자전거로 힘겹게 논두렁길을 지나고, 튀어나온 돌부리에 걸려 넘어지기 일쑤인 울퉁불퉁한 흙길을 달리고 아슬아슬하게 버스를 피해야하는 도로를 거쳐서 통학했지만, 자전거 위에 앉아 있으면 더할 나위 없이 행복했던 기억이 납니다. 그리고 자전거를 타며 느꼈던 스릴감, 계절마다 다른 질감의 바람 또한 머리와 몸에 오래 각인되어 있습니다. 그러고 보면, 하루하루 지날수록 넘어지는 횟수가 줄어들고 능숙하게 자전거를 몰게 된 그 시절의 저는 머리가 아닌 몸에 기억시킨 '경험학습'을 한 셈입니다.

그때, 저는 자전거를 타며 많은 생각을 했습니다. 이미 더 어린 나이 때부터 긍정적인 마인드가 다져져 있었기 때문인지 대부분 희망적인 꿈들이었던 것 같습니다. 가난한 집에서 홀어머니 아래서 자라났지만, 그래도 훌륭하신 어머님의 헌신과 형님의 희생이 있어 공부를 할 수 있다는 것만으로도 행복하다고 믿었습니다. 그렇게 생각하며 자전거를 달리던 소년은 페달과 함께 희망을 밟아

나간 것이었습니다.

3학년에 올라가자마자 학교 근처에서 자취를 시작했을 때도 마찬가지였습니다. 허름하고 초라한 작은 집이었고 추운 날씨에 손이 꽁꽁 얼어붙을 새라 입김을 불어가며 쌀을 씻어 밥을 지어먹어야 했지만 통학 시간이 줄어 공부를 더 많이 할 수 있었던 것에 감사했습니다. 철이 들기도 전인 어린 나이에도 그것이 가능할 수 있었던 이유는 바로 '희망'을 꿈꾸었기 때문입니다.

제 삶의 원동력이자 뿌리라고 할 수 있는 '희망'이라는 단어에 대해 조금 더 이야기해보려 합니다.

목사이자 저명한 저술가인 '노먼 빈센트 필Norman Vincent Peale'은 동기 부여에 관한 연설가로도 유명합니다. 그런 그에게 어떤 중년의 남자가 찾아옵니다. 지친 기색이 역력한 남자는 이렇게 말합니다.

"전 평생 열심히 일했지만, 사업이 망하면서 제 인생 모든 것을 잃고 말았습니다."

노먼은 남자 앞에 종이 한 장을 꺼내놓고 이렇게 묻습니다.

"모든 것을 잃어버리셨다고요? 그럼 부인도 없습니까?"

"아뇨. 불평 한마디 없이 묵묵히 뒷바라지를 해 준 아내가 있습니다."

그러자 노먼은 종이에 '훌륭한 아내' 라고 적은 후, 남자에게 다시 묻습니다.

"모든 것을 잃었다고 하셨는데, 자녀들도 없습니까?"

"아뇨. 저만 보면 함박웃음을 짓는 착하고 귀여운 세 아이가 있습니다."

노먼이 이번에는 '착하고 귀여운 세 아이'라고 적습니다.

"그렇다면 당신의 건강은 어떤가요?"

"건강은 자신 있습니다. 아주 건강합니다."

노먼이 종이에 '건강'이라고 적으려던 순간, 갑자기 남자가 큰 소리로 말합니다.

"정말 감사합니다! 모든 것을 잃어버린 줄 알았는데, 제게는 아직 귀한 것들이 남아 있었네요. 다시 일어설 수 있을 것 같습니다."

그렇습니다. 불행하다고 느끼거나 가진 것이 부족하다고 생각될 때, 불평불만이 쌓여갈 때, 소중한 사람이나 좋았던 일, 일상 속 작은 행복들을 써내려가 보면 어떨까요? 그렇게 써내려간 글들이 모여 '희망'의 또 다른 이름이 된다는 것을 저는 확신합니다.

나에게 쓰는 편지, 그리고 고창

중학교를 졸업한 저는 고창고등학교로 진학을 하게 됩니다. 이제는 어느 정도 익숙해진 자취 생활을 이어가며 학업에 열중했습니다. 학교생활도 열심히 했지만, 졸업할 때까지 주말마다 거르지 않고 집으로 달려가 어머님과 형님의 일을 도와드리곤 했습니다. 그러고 보면 저는, 어린 나이 때부터 제 삶의 작은 공간도 비워 두지 않고 참 열심히도 채워나갔던 것 같습니다.

그런데 그런 저에게도 고등학교 시절엔 걱정거리가 끊이지 않았습니다. 어른이 된다는 것에 대한 막연한 두려움을 포함한, 대부분이 적성과 진로에 대한 것이었죠.

'내가 좋아하는 국어와 사회 공부를 위해 문과 쪽으로 나가도 될까?'

'집안을 일으키려면 진학은 포기하고 빨리 돈을 벌어야 하는 건 아닐까?'

'30년 후, 나는 어떤 모습으로 살고 있을까?'

고등학교 졸업반이 되어서는 더욱 구체적인 고민을 하게 됩니다.

공부하는 것을 좋아했지만, 집안 형편상 대학에 가는 것은 포기하고 취직을 해야 하는 상황이었던 데다가 미래에 대한 어떤 확신도 없었기에 불안했습니다.

'나에게 맞는 직업은 과연 무엇일까?'
'공무원 시험을 봐서 안정적인 샐러리맨이 될까?'
'월급이 많다는 은행에 취직할까?'

그 시절의 고민을 떠올리다보니, 문득 몇 년 전 읽었던 유명 일본 작가의 베스트셀러 작품이 생각납니다. 그 소설의 내용은 이렇습니다. 어수룩하지만 순진한 좀도둑 삼총사가 삼십 년 동안 비어있던 잡화점에 들어가게 되는데, 그곳에서 과거에서 온 고민 상담 편지를 발견합니다. 혹시나 하는 마음에 도둑들은 진심을 담아 해결책을 적어 답장을 보내고, 그것이 신기하게도 시간을 거슬러 과거로 가게 되어 편지를 보낸 사람들을 도와주게 됩니다. 이렇게 시공을 초월한 고민 상담이 이루어진다는 감동적인 줄거리입니다.

마치 판타지 동화 같은 이 이야기는, 자신이 진짜 원하는 바를 모르는 사람들에게 어설픈 선택보다 정말 본인이 원하는 것을 찾아 노력하는 것이 중요하다고 말하고 있습니다. 또한 본인의 이상과 현실에 괴리가 생겼다면, 본인의 노력은 언젠가 빛을 보게 되니 끝까지 믿으라고 전하고 있죠.

그래서 저도 엉뚱한 생각을 해 보았습니다.

'고민 많던 과거의 나에게 응원의 편지를 써 주면 어떨까?'

만일 그럴 수 있다면, 어른이 되는 것을 두려워하고 막연한 미래를 걱정하는 과거의 나에게 편지를 전할 수 있다면, 끝까지 자신을 믿으라는 이 소설의 교훈을 전하고 싶습니다. 그리고 그 편지에는 아마도 이런 글이 적힐 것 같습니다.

재홍아!
무슨 일이든 최선을 다한다면 그것이 어떤 결과를 낳더라도 후회하지 않게 될 거야. 더불어, 어른이 되는 것을 겁내지 마라.
물론 살면서 실망하는 일이 생기기도, 실패를 겪기도 하겠지. 그럼에도 불구하고 너는 어제보다 더 나은 내일을 살게 될 거란다.
네 자신을 믿으렴.

제 고향 '고창'에 대한 소개를 조금 더 해볼까 합니다.

고창은 세계문화유산(고창 지석묘), 인류의 무형유산(농악·판소리), 유네스코 생물권 보전지역(고창군 전역)에 이어 세계자연유산(고창 갯벌)을 보유한 자랑스러운 곳입니다. 산, 들, 강, 바다, 갯벌을 터전 삼아 살아온 아름다운 고장 고창의 또 다른 자랑거리를 꼽아 보자면 우선, 봄이면 붉은색 동백꽃이 탐스러운 얼굴을 드러내고 여름이면 신록으로 가득하며 가을에는 빼어난 단풍과 겨울에는 멋진 설경을 선사해주는 사찰인 선운사가 있습니다.

옛날 교과서에도 실린 효감천, 전라도의 여러 고을 주민들이 왜구의 침입을 막기 위해 축조한 고창 읍성도 유명하고, 영화 〈웰컴 투 동막골〉 촬영 장소인 학원농장의 드넓은 보리밭과 〈내 마음의 풍금〉의 촬영 장소인 초록빛 저수지를 마당 삼은 폐교가 된 조산 분교도 있습니다.

일몰이 아름답기로 유명한 구시포 해수욕장과 명사십리 등 발길이 닿는 곳마다 멋스러운 풍경과 유적지가 가득한 고창은 동학농민혁명의 전봉준 녹두장군과 인촌 김성수 교육가(정치가), 미당 서정주 시인, 우리나라 판소리계에 큰 업적을 남긴 신재효, 진채선, 김소희 선생을 배출한 곳이기도 합니다.

선운사

(전북 고창군 아산면 선운사로 250)

고창읍성

(전북 고창군 고창읍 읍내리 125-9)

3. 나의 가족

내 영혼의 라피끄

예전에 영국의 한 신문사에서 퀴즈를 낸 적이 있었습니다.

> 런던에서 맨체스터로 가는 가장 빠른 방법은 무엇일까?

두둑하게 걸린 상금 욕심에 많은 사람들이 이 퀴즈의 답을 맞히겠노라고 도전했습니다. 물리학자, 수학자, 설계사, 회사원, 학생들이 저마다 기발한 해답을 제시했습니다. 하지만 그 해답들 중에 1등을 차지한 답은 전혀 생각지도 못한 것이었습니다.

좋은 친구와 함께 가는 것!

'라피끄Rafik'라는 말이 있습니다. '친구', '동지', 또는 '먼 길을 함께 할 동반자'라는 뜻을 가진 아랍어입니다. 사막이 많은 곳에 사는 아랍인들은 멀고 험한 사막을 여행하기 전에 '라피끄'를 구한다고 합니다. 그만큼 믿고 의지할 수 있는 동반자라는 뜻이겠지요.

그렇다면, 먼 길을 함께 할 좋은 동반자란 어떤 사람일까요?

이 세상에 존재하는 수많은 길 중에 사람의 인생의 길이 가장 험난하다고 말할 수 있을 것입니다. 끊임없이 생겨나는 문제들, 해결할 과제들, 무수히 많은 선택의 갈림길, 그리고 이어지는 고민들……. 그렇기 때문에 서로 간에 모든 것을 공감하는 것. 이것이야말로 좋은 동반자의 조건일 것입니다.

악성樂聖 '베토벤'의 성공엔 이런 공감의 동반자가 있었습니다. 바로 그의 어머니셨죠.

천둥이 치고 비바람이 몰아치던 어느 날, 어린 베토벤이 마당에서 혼자 비를 맞고 있었습니다. 소년은 나뭇잎에 스치는 비와 바람의 교향곡에 흠뻑 빠져 있었습니다. 어머니는 그런 아들에게 집으로 빨리 들어오라고 소리치는 대신 천천히 다가가 꼭 껴안아 주었습니다. 그리고는 함께 비를 맞으며 말씀하셨습니다.

"우리 아름다운 자연의 소리를 함께 들어보자꾸나."

그러자 아들은 신이 나서 이것저것 질문을 합니다.

"엄마, 새소리가 들려요. 저 새는 왜 울고 있을까요? 그런데 저 새의 이름은 뭐예요?"

베토벤의 어머니는 폭우처럼 쏟아지는 아들의 질문에 다정하게 대답해 주셨다고 합니다. 위대한 베토벤의 교향곡은 아마 그때 밀알처럼 싹이 돋았을지도 모릅니다.

저에게도 영원한 영혼의 라피끄가 있습니다. 바로 내 사랑하는 가족, 아내와 아이들입니다.

제 아내는 가족을 위해 많은 것을 헌신한 대한민국 대표 현모양처입니다. 용산우체국에서 처음 만났을 때부터 빛이 나던 아내는, 충북 진천에서 태어나 청주여고를 우수한 성적으로 졸업한 인재였는데, 큰 딸을 낳고 나서 육아를 위해 좋은 직장을 그만두는 과감한 결정을 내렸습니다. 그때의 결정을 후회하지 않느냐고 물으면 이렇게 말합니다.

나의 가족, 아이들과 아내

"후회라뇨. 지금까지 살면서 가장 잘 선택한 위대한 결정인걸요. 두 남매를 건강하고 바르게 잘 키운 것은 내 생애 최고의 행복이에요."

아내는 자연을 좋아하는, 자연을 닮은 맑은 사람입니다. 아내는 장미와 멋진 자작나무를 좋아하는데, 제가 꽃이나 나무 이름을 물어보면 언제나 척척 대답을 해주는 식물 박사이기도 합니다. 결혼 전부터 교회를 다녔고 신앙이 두터워 매주 예배 때 성전에 아름다운 꽃을 직접 만들어 올리는 섬김의 생활을 10년 넘게 했습니다.

또한, 꽃 학원에 다니며 높은 수준의 작품을 만들어내는 고수이며 사범이 되어 세계기독교 꽃예술연합회 회원으로 '세계 화예작가 페스티벌'과 '성전 꽃예술 작품전'에 작품을 출품하기도 했습니다.

저에게 작은 소망이 있다면, 제 강의 중간에 아내가 꽃예술에 대한 공동 강의를 하며 함께 전국을 여행 다니듯 하는 것입니다. 이 멋진 일들이 이루어지기를 바라봅니다.

꽃예술가 아내와 성전꽃예술작품

아이들을 위한 기도

제 아이들 이야기를 하기 전에 김시천님의 시 〈아이들을 위한 기도〉의 일부를 옮겨봅니다.

> 당신이 이 세상을 있게 한 것처럼
> 아이들이 나를 그처럼 있게 해주소서
> (중략)
> 소리로 요란하지 않고
> 마음으로 말하는 법을 깨우쳐 주소서
> 당신이 비를 내리는 일처럼
> 꽃밭에 물을 주는 마음을 일러주시고
> 아이들의 이름을 꽃처럼 가꾸는 기쁨을
> 남 몰래 키워가는 비밀 하나를
> 끝내 지키도록 해주소서
> 흙먼지로 돌아가는 날까지
> 그들을 결코 배반하지 않게 해주시고
> 그리고 마침내 다시 돌아와
> 그들 곁에 순한 바람으로 머물게 하소서

꽃밭에 물을 주는 마음으로 아이들을 살펴야 합니다.

그리고 아이들의 적성과 소질이 어디에 있는지 관심을 가지고 지켜보는 게 중요합니다.

전자 부품에 관심이 있는 아들을 둔 자동차 수리공이 있었습니다. 그는 주말이면 전자 부품상을 찾아다니며 아들에게 중고 부품을 사주고 라디오와 전축 등 아들이 원하는 제품을 만들 수 있도록 지원을 해주었습니다. 실리콘 밸리의 NASA 연구소에 데리고 가 대형 컴퓨터를 보여 주며 아들의 꿈을 확고히 하도록 도와주었습니다. 그 아들이 바로 '스티브 잡스'였습니다.

이 세상에서 자식을 사랑하지 않는 부모는 없을 것입니다. 하물며 말 못하는 동물들도 그러하죠. 지구상 어류 중 유일하게 둥지를 만들어 새끼를 키워내는 가시고기는 부성애가 강한 것으로 알려져 있습니다. 가시고기 수컷은 주둥이로 강바닥의 모래를 퍼내고 둥지를 짓습니다. 모래집에 수초까지 덮어 완벽한 산란의 보금자리를 꾸민 후 알을 보호하기 위해 필사의 노력을 기울입니다. 몸집이 큰 물고기들과 처절한 싸움도 불사하면서 말이죠. 산소를 공급하기 위해 천개나 되는 알을 부지런히 뒤집는 작업을 되풀이 하며 15일 동안 아무 것도 먹지 않은 채 쉼 없이 알을 지킵니다. 그리고는 알이 부화할 무렵, 둥지 옆에서 장렬하게 죽습니다. 영문도 모르는 치어들은 무심하게도 제 아비의 살을 뜯어먹으며 성장합니다. 자식을 위해 마지막까지 몸을 내어놓는 희생적인 부성애는 정말 감동 그 자체입니다.

제게도 모든 것을 다 내주어도 아깝지 않을 사랑스러운 아들과 딸이 있습니다. 제 생의 또 다른 동반자인 3년 터울 남매는 제게 늘 큰 자랑입니다. 큰 딸 지현이는 이화여대 수학과를 졸업한 후 연세대 교육대학원에서 석사학위를 받았습니다. 그 후 2년간의 기간제 교사 생활을 마치고 성남의 한 고등학교의 정교사가 되었습니다. 100대 1이 넘는 경쟁률을 뚫고 최종 면접대상자가 되었을 때, 영어로 당당히 자기소개를 한 딸의 대담한 면접 전략이 통한 것이었습니다.

아들 기선이는 어릴 때부터 비행기를 무척 좋아하는 아이였습니다. 항공모형기 만들기를 좋아하던 아들이 항공대학교에서 개최한 항공 모형 만들기 대회에 나가는 날 아침의 일이었습니다. 아들은 밤을 새워 만든 모형기가 마음에 들지 않는다며 부수고 다시 만들기 시작했는데, 저는 그때 어린 아들의 열정을 보며 적성을 찾은 것 같다는 생각이 들었던 기억이 납니다. 그 후, 길을 조금 돌아가긴 했지만 결국은 어릴 때부터 꿈꾸었던 항공사에 도전하기 위해 미국 항공학원 과정을 이수해야 했고, 우리는 아들의 진로를 위해 주저하지 않고 모든 지원을 아끼지 않았습니다.

당시 하늘에 별 따기만큼 힘들다는 운항관리사에 지원한 아들은 1차와 2차 시험을 통과한 후 임원 최종면접 때 통기타를 연주하며 '사가社歌'를 부른 엉뚱한 녀석입니다. 결국 자신의 적성을 찾아내 꿈을 이뤄낸 아들이 그저 기특하기만 합니다.

딸은 고등학교 교사인 속 깊고 지혜로운 남편을 만나 세연이라는 복덩이를 안겨주었고, 아들도 목사님 가정에서 가정교육을 잘 받고 자란 지금의 며느리를 만나 손자 둘을 낳았습니다. 세연이와 노아와 노엘이는 보고만 있어도 목소리만 들어도 미소가 지어지는 저의 보물들입니다.

저는 가끔, 온 가족이 모두 한자리에 모여 있을 때면 인생에도 책갈피가 필요하다는 생각을 하곤 합니다. 책 한 귀퉁이를 고이 접어놓듯, 혹은 책갈피를 소중히 끼워 넣듯 수많은 인생의 시간들 중 한 부분, 바로 지금 이 시간을 접어놓고 두고두고 생각날 때마다 펼쳐 보며 기억하고 싶기 때문입니다.

어느새 부모가 된 내 아이들이, 나아가 세상 모든 부모들이 꽃에 물을 주는 마음으로 그리고 잡스의 아버지처럼, 가시고기의 마음으로 아이들을 키워내기를 기원합니다. 그렇다면 이 세상은 더 없이 행복한 사람들로 이루어진 참된 세상이 되지 않을까요.

손주 세연이가 그린 할아버지

4. 샐러리맨이 되다

공무원으로의 첫걸음

제가 사회인으로 첫발을 내딛을 때 선택한 직업은 공무원이었습니다. 그저 안정적인 직장을 택해야 가정에 보탬이 되지 않을까 하는 막연한 생각이었습니다. 지금 생각해보면 참 무난하고 소박한 꿈이었습니다. 당시 많은 사람들이 월급이 많은 은행원을 선호했지만, 제 적성은 아무래도 상업계보다는 인문계 쪽이 가깝다는 판단을 내린 것입니다.

고등학교 졸업을 하자마자 9급 공무원 시험에 응시를 한 저는 다행히 30대 1의 경쟁률을 뚫고 단번에 합격하여 '9급 을류 조건부 행정 서기보'라는 직책을 받게 되었습니다. 말 그대로 조건부로 6개월 동안 별 탈 없이 일을 해내면 정식 공무원으로 확정되는 자리라 처음엔 바짝 긴장한 상태로 근무를 시작했습니다. 그 후, 채용 때의 성적이 상위권이었던 덕에 원하는 곳으로 갈 수 있었습니다. 제 인생에서 수많은 선택의 순간 중 하나였습니다. 그 선택의 순간에 제가 이정표로 삼았던 것은 집안 어른들의 말씀이었습니다. '공무원은 국가의 심부름꾼이니 권력부서보다 국민을 섬기는 부서로 가야한다.'는 조언에 따른 것입니다. 그리하여 저는 체신부 근무를 지원하여 임실군 둔남면에 있는 오수 우체국으로 첫 발령을 받게 되었습니다. 전체 30명 정도의 인원으로 꾸려나가던 그 우체국에는 정식 행정직이 국장과 차석인 저밖에 없는지라 자연스럽게 실무를 총괄하는 체신 행정의 중심자리에 서게 되었습니다.

국장님은 젊은 차석이었던 저를 잘 키우겠다는 마음이 크셨던 것 같았지만, 저는 조금 더 큰 포부를 품고 서울로 옮기는 결심을 하게 되었습니다. 그리고 1974년 서울 용산우체국에서 근무하다 1980년 국립 서울대학교에서 새로운 둥지를 틀기 전까지 약 7년간(34개월의 현역 복무를 포함하여) 체신공무원 생활을 이어가게 됩니다.

당연한 말이겠지만, 어떤 직업을 선택하느냐에 따라 사람의 인생은 바뀝니다. 그렇다면, 누구나 자신에게 맞는 직업을 선택할 수 있을까요? 또, 그 직업이 정말 자신에게 잘 맞는지 어찌 알 수 있을까요. 그에 대한 대답에 앞서 20세기 문명에 커다란 영향을 끼친 철강왕 '앤드루 카네기'의 일화를 소개하고자 합니다.

소년공에서 시작해서 석유와 철강 사업으로 세계적인 부호가 된 앤드류 카네기에게 어느 날 신문 기자가 성공의 비결이 무엇인지 물었습니다. 그러자 카네기는 웃으며 이렇게 대답합니다.

"어떤 직업을 택하든 끊임없이 그 직업의 일인자가 되겠다고 다짐하는 것입니다. 그 직장에 없어서는 안 될 사람이 되라는 뜻이죠. 그것은 내 체험에서 얻은 확신입니다."

"그 체험을 구체적으로 말씀해 주시겠습니까?"

기자가 부탁하자 카네기는 진지하게 말했습니다.

"나는 집이 가난해서 열두 살에 직물 공장 화부로 취직을 했습니다. 주급 2달러를 받기 위해 석탄 가루를 뒤집어쓰고 불을 때는 것은 어린 나이에 힘에 부친 일이었지만 그래도 공장에서 제일가는 화부가 되겠다고 결심하고 열심히 일했지요. 내가 성실하게 일하는 것을 보고 어떤 사람이 우편배달부가 되도록 추천해 주었습니다. 그때도 나는 미국에서 제일가는 우체부가 되겠다고 결심하고 한 집 한 집 번지와 이름을 암기했기 때문에 배달구역 내에서라면 모르는 골목이 없을 정도가 되었지요. 이런 노력이 결코 헛되지 않아 나는 사람들에게 인정받는 우편배달부가 되었습니다. 그것을 또 높이 사는 사람이 나타나서 곧 전신기사로 채용되었지요. 그런데 거기에서도 역시 일인자가 되겠다는 각오로 노력을 게을리 하지 않았기 때문에 결국 오늘의 철강왕이 될 수 있었답니다."

카네기의 삶은 인간이 어떠한 환경 속에 놓이더라도 최선을 다하면 그 분야의 최고가 될 수 있다는 것을 온몸으로 보여준 것이라 할 수 있습니다.

비록 카네기 같은 위인의 삶과 비교할 순 없지만, 저 또한 끊임없이 변화하며 발전하고 성장을 거듭하는 삶을 살았던 것 같습니다. 그렇게 할 수 있었던 원동력은 공무원으로서 첫발을 내딛고 차근차근 헤쳐나가 자리를 잡아갈 무렵, 제가 늘 떠올렸던 한 문장으로부터 나온 것이었습니다.

'가난하게 태어난 것은 내 책임이 아니다. 하지만 초라

한 삶으로 마감하는 것은 전적으로 나의 책임이다.'

저는 묵묵히 제 일에 최선을 다하면서도 안정된 직장에 안주하지 않고 지금보다 조금이라도 더 큰 곳에서 일하고 싶다는 생각을, 꿈의 씨앗을 품고 있었던 것입니다.

삶의 2막, 서울대학교

> 아리랑 아리랑 아라리요
> 아리랑 고개를 넘어간다
> 나를 버리고 가시는 님은
> 십 리도 못가서 발병난다

우리나라 사람이라면 누구나 잘 알고 있는 대표 민요인 아리랑입니다. 이 민요가 세상에서 가장 아름다운 노래로 선정되었다는 글을 읽은 적이 있습니다. 영국, 미국, 프랑스, 독일, 이탈리아 작곡가들로 구성된 선정 대회에서 아주 높은 지지율로 1위에 올랐답니다. 선정단에 단 한 명의 한국인도 없어서 더욱 놀라웠다고 하죠.

구전으로 전승되어 온 전통 민요 아리랑은, 나라를 잃었을 때나 노동이 고되고 삶에 지쳤을 때 우리 민족의 슬픔과 희망을 녹여 낸 노래입니다. 그런데 아리랑이 흔히 우리가 알고 있듯 사랑에 버림받은 이의 원망과 슬픔이 담긴 노래가 아니라고 합니다. 아리랑我理朗의 '아我'는 참된 나를 의미하고, '리理'는 알다, 다스리다. 통한다는 뜻이며 '랑朗'은 즐겁다는 뜻입니다. 즉 아리랑은, 참된 나를 깨달아 인간 완성에 이르는 깨달음의 노래입니다. '아리랑

고개를 넘어간다'는 것은 나를 찾기 위해 깨달음의 언덕을 넘어간다는 의미이고, '나를 버리고 가시는 님은 십리도 못가서 발병난다'는 것은 욕심만 쫓는 자는 얼마 못가서 고통을 받는다는 교훈이 담겨 있는 것입니다.

우리의 삶은 바로 참된 나를 찾아가는 여정입니다. 우리 민족에게 아주 오래도록 이어져 내려온 노래인 아리랑을 통해서도 알 수 있듯이 말이죠. 우리의 DNA 속에 각인되었다고 할 수 있는 이 과정을 위해서는 끊임없는 도전은 필수입니다. 무엇에든 승부를 해야 하는 것입니다.

제가 1980년 국립서울대학교에서 또 다른 행정직을 시작하고 얼마 지나지 않아, 전세계는 정보화가 사회적 이슈가 되기 시작했습니다. 1980년대 후반부터 영미권에서는 대학 간 고속 네트워크를 연결하여 컴퓨터 정보망을 확장하는 등의 인터넷 열풍이 불었습니다. 이런 추세는 국내에도 커다란 변화를 몰고 와, 서울대가 여기에 부응하여 중앙전산원 건물을 신축하게 되는데, 저는 이 조직에서 행정실장을 맡게 됩니다. 당시 이기준 원장께서는 실용주의 교육에 대한 신념을 가지고 혁신적인 정보화사업을 추진하였습니다. 한국 사회의 정보화 확산을 위해서는 당시 컴퓨터 전공자들만의 편협성을 극복하고 오히려 비전공 교수의 안목과 역할이 중요하다는 것을 강조하였습니다.

중앙전산원 시절, 컴퓨터시스템을 확장하는 사업이 진행되었습니다. 국내 대학 최고 규모의 혁신적 정보화의 단초가 되었던 사업이었죠. 이때 저는 IBM 대형컴퓨터의 도입을 위한 자금 확보, 설치, 가동에 이르기까지 서울대학교 정보화 사업에 기여했다는 자부심을 가지고 있습니다. 이와 함께 전국 대학의 초고속 빗넷Bit Net을 연결하여 전국 대학의 센터조직을 신설하기도 했습니다. 당시 전국적인 학술망을 연결하지 않았더라면 지금과 같은 대학의 교육연구력을 높이는 것은 어려웠을 것입니다.

이처럼 서울대 중앙전산원 행정실장으로 일하면서 미국 뉴욕시립대를 키스테이션으로 하는 BITNET에 가입, 1988년 4월부터 본격 가동을 시작으로 1989년에는 서울대 캠퍼스 전산망SNUNET, 1991년에는 전국 대학교육 전산망센터KREN 기반 구축에 기여한 자부심이 있습니다. 특히 메일주소를 국내 최초로 사용한 기관이 서울대학교 중앙전산원이었다는 점과 국내 1호 메일주소가 "kijunlee@snu.ac.kr"인 것은 특별한 기억으로 남아 있습니다.

돌이켜 보면, 이때의 저는 한마디로 무대 위에 서 있는 신인 배우였습니다. '삶'이라는 제목의 연극이 진행되고 있었고, 다음 막에 어떤 무대가 펼쳐질지 모른 체 최선을 다해 역할을 해내고 있었습니다. 서울대학교로 터전을 옮긴 후 곧 저의 삶의 제 2막이 시작됩니다. 그것은 바로 '샐러리맨 + 스튜던트', 즉 공부하는 직장인인 '샐러던트'로서의 삶입니다. 그리고 이제 저는, 다시 펼쳐진 무대에서 아리랑의 참뜻을 되뇌며 끊임없이 나를 찾아가는 과정을 겪게 될 것입니다.

서울대 중앙전산원 행정실장 시절

II

앎

배우고 또 익히다,
평생학습의 시작

평생학습을 선택하기까지 거쳐 온,
본격적인 '샐러던트'로서 행한
앎, 배움의 과정을
이야기해보려 합니다.

"삶은 앎이고, 앎이 곧 삶이다"

"Life is Learning, Learning is Life"

1. 샐러던트의 시작

인류 최초의 복제인간 이야기를 다룬 '서복'이라는 영화가 있었습니다. 주인공의 이름 '서복'은 불로장생을 꿈꾸는 중국 진시황을 위해 수천 명의 사람을 이끌고 명약을 구하러 떠난 '서복'이라는 신하의 이름이라고 합니다.

인간은 참으로 오래전부터 불로장생을 꿈꾸었습니다. 영원이라는 세월에 강한 집착을 보였던 동양의 진시황뿐 아니라 서양에서도 젊음을 되찾아 주는 '신비의 샘' 같은 전설이 수천 년 동안 세계 곳곳에 남아 있습니다. 하지만 이런 인간의 욕망에도 불구하고 인간이 늙지 않는 비법은 아직 없습니다. 그런데도 포기하지 않고 수많은 시도들이 꾸준히 이어지고 있어, 심지어 영하 196도의 냉각캡슐에 동면 시도까지 해보지만, 이것은 어디까지나 성공이 보장되지 않은 실험에 불과합니다.

사람이라면 누구든 늙지 않을 수 없다는 것을 알기에 우리는 죽기 전까지는 건강한 삶을 살고 싶어 하고, 그렇기 때문에 '만병통치'라는 것에도 관심이 많습니다. 그런데 만병을 다스리는 치료제 중에 인간의 몸에서만 나오는 신기한 것들이 있습니다. 바로 엔도르핀, 세로토닌, 도파민, 그리고 다이돌핀입니다.

우리가 흔히 알고 있는 '엔도르핀'은 그냥 웃기만 하면 분비되는 호르몬입니다. 진통, 소염효과, 스트레스 해소 등의 많은 효과가 있다고 알려져 있죠. 걷기나 명상 등으로 편안함을 느낄 때 뇌 속에서 분비되는 '세로토닌'은 부정적인 감정과 충동을 조절해 온화한 마음을 만들어 주어 '행복 호르몬'으로 불립니다. 사랑하면 분비되는 '도파민'은 의욕 증진과 혈액순환을 도와줍니다. 이 중에서 '다이돌핀'이라는 것이 가장 강력한 호르몬이라고 합니다. 다이돌핀은 엔도르핀의 무려 4천 배 효과가 있다는 글을 본 적이 있습니다. 저항력과 활력을 증진시키는 다이돌핀이 사람의 몸에서 생성되기 위해서는 기쁨이 넘치는 감동을 받아야 해서 '감동의 호르몬'으로 부른답니다.

여러분은 어떨 때 기쁨에 넘치는 감동을 받나요? 예를 들자면 좋은 노래를 듣거나, 멋진 자연풍경을 감상하게 되거나 새로운 진리를 깨달았을 때 정도일 것입니다. 사랑에 빠졌을 때도 있을 수 있겠네요. 저의 경우를 말씀드려 보자면, 진리 탐구, 즉 공부를 하고 있을 때였습니다.

서두가 길었습니다. 제가 월급쟁이 생활을 하면서 공부를 하게 된 즉, 샐러던트의 삶을 살게 된 계기는 어찌 보면 눈에 보이지 않는 이런 호르몬 때문이 아니었을까, 하는 말을 하고 싶었습니다. 진리를 위한 배움을 시작하면서 맛본 감동으로 인해 솟아난 다이돌핀, 그 덕인지 현재까지도 저의 샐러던트의 삶이 이어지고 있는 걸 보면, 초강력 호르몬이 맞는 것 같습니다.

저는 성실히 공무원의 길을 걸으면서도 상아탑의 꿈을 늘 가지고 있었습니다. 대학 졸업장을 받고 싶었기에 1983년 방송통신대학교 행정학과에 입학해서 법학과로 전과하여 1987년 2월에 졸업을 했습니다. 그리고 곧바로 다음 달, 연세대학교 행정대학원에 입학해서 석사 학위를 시작하게 되었습니다. 행정공무원으로 전문성을 갖추기 위해 석사 논문의 주제를 정해야 했습니다. 제가 근무하는 서울대학교의 경우 우리나라를 대표하는 최고의 대학이지만 내부적으로는 갈등이 심한 조직이었습니다. 서울대공동체를 구성하는 집단인 교수집단과 학생집단, 그리고 행정집단이 잘 연계해서 조화롭게 이루어져야 건강한 교육공동체가 될 수 있는데 현실은 그렇지 못했습니다. 교수의 영향력이 너무나 강했습니다. 반면 행정공무원의 영향력은 상대적으로 미약했습니다. 세 집단 간에 존재하는 갈등들의 해소방안을 찾아보겠다는 생각으로 '행정공무원의 갈등에 관한 연구(서울대학교를 중심으로)'를 주제로 정했고, 결국 이 논문으로 석사학위 논문을 완성했습니다. 최선을 다해서인지 우수논문으로 선정되었습니다. 1987년 3월에 시작해서 1989년 8월에 학위를 받았으니 2년 6개월이 걸렸습니다. 말 그대로 주경야독으로 석사의 꿈을 이루게 되었습니다. 결코 평탄치 않던 배움의 길이었습니다. 하지만 힘들다고 느끼지 않았습니다. 앞서 말한 다이돌핀이라는 강력하고도 신비한 호르몬 덕일 수도 있고, 의욕이 넘친 젊은 나이 덕일 수도 있었겠죠. 거기에 더해 또 다른 이유가 있음을 제가 후에 깨닫게 된 계기가 있습니다. 바로 '멀미'에 관한 것입니다.

자동차나 배, 비행기를 타면 멀미를 하는 사람들이 있습니다. 그런데 혹시 운전자가 멀미를 했다는 이야기를 들어보신 적이 있으신지요. 아마 없을 겁니다. 참 이상합니다. 차만 타면 멀미를 하는 사람이 차를 운전할 때는 왜 멀미를 하지 않을까요? 그 해답은 바로 '집중'입니다. 운전 자체에 집중을 하고 자기 통제감이 강해지기 때문이라고 합니다.

자연에 압도당한 느낌, 깊은 사랑에 빠진 기분, 마음 혁명에 빛이 된 다이돌핀이 저에게는 바로 '배움을 향한 열정'이었습니다. 또한 '배움'은 멀미를 잊은 운전자가 되게 한 존재였습니다.

제 인생 모토는 '강미이학습强美以學習'입니다. 글자 그대로 '배움을 통해 삶을 강하고 아름답게 하자'는 뜻으로, 제가 가장 중요하게 생각하는 삶의 방식을 함축적으로 만들어 본 말입니다. 공자의 명언인 '학이시습지 불역열호學而時習之 不亦說乎' 즉, '배우고 제때 그것을 익히면 이 또한 기쁘지 않겠느냐'와 일맥상통한 말이죠.

인간이 건강하게 살기 위해서는 기쁨을 느낄 수 있는 호르몬의 생성을 위한 활동을 의도적으로 실천할 필요가 있습니다. 나아가 다이돌핀처럼 강력한 감동 호르몬인 '배움'으로 삶을 강하고 아름답게 할 필요가 있음을 저는 확신합니다!

서울대 총장비서실장 시절. 김수환 추기경님 이기준 총장님과 함께

서울대 총장 비서실장 시절. 총장님과 함께

2. 나를 찾는 끊임없는 노력

석사의 꿈을 이룬 저는 공무원 생활에 더욱 매진했습니다. 공무원의 매력은 승진입니다. 어느 공무원이나 조직 안에서 자신의 능력을 발휘해서 이룬 성과로 평가받아 승진합니다. 교육부는 보통 1년에 한번씩 5급 사무관 승진시험이 있습니다. 이 시험을 통과해서 사무관 승진을 하게 되고 더 좋은 상급 직위로 갈 수 있습니다. 교육부 단위로 이루어지는 이 승진 시험은 결코 만만치 않아, 한 번에 붙는 것은 물론 힘들고 심지어 다섯 번이나 연달아 떨어지는 경우도 있었습니다.

저에게 사무관 승진 시험이 갖는 특별함은 1995년도 시험이 마지막이라는 것이었습니다. 여기서 떨어지면 심사승진으로 기약 없이 기다려야 하는 상황이라 저는 지체하지 않고 생애 최초이자 마지막인 사무관 시험에 도전하기로 마음먹었습니다. 3년 동안 교육학, 행정학, 헌법, 행정법 등을 집중적으로 철저하게 준비했습니다. 시간을 들여 수험서를 달달 외우다시피하며 철두철미하게 공부했고 학원가에서 강의도 끊임없이 들었습니다. 일과 공부를 병행하는 것은 결코 쉬운 일이 아니었습니다. 하지만 저는 힘이 들 때마다 스스로에게 '공무원에게 필요한 이론적인 부분을 보완할 수 있으니 더 없이 소중한 기회야!' 라고 주문을 걸며 이겨냈습니다. 그리하여 단번에 합격하게 되었고, 말로 다 표현할 수 없을 정도로 기쁨을 만끽했습니다. 돌이켜 보면, 이때 얻은 배움의 자양분이 지금 대학에서 학생을 가르칠 수 있는 교수 역량이 되었다고 생각합니다.

승진 후 3년이 지난 1998년, 이기준 교수가 서울대학교 총장으로 선출되고 제가 총장 비서실장으로 선발되었습니다. 인사부서에서 총장 비서실장으로 여러 후보를 추천했지만 총장께서는 저를 최종적으로 선정하셨습니다. 체신부에서 서울대로 옮겨 와 오랫동안 원장으로 모시며 호흡을 맞춘 경험이 유리하게 작용한 것도 있었지만, 스스로 생각하기에 인성과 정직함이 더 크게 작용하지 않았나 생각합니다.

총장 비서실장으로 있으면서 가장 주력했던 것은 대학개혁이었습니다. 총장께서는 취임 초기부터 교육개혁 프로그램들을 추진했는데, 그 핵심부분이 바로 교수평가였습니다. 1990년대 후반까지만 해도 서울대 교수들의 권위는 대단해서 감히 어떻게 서울대 교수를 평가할 수 있는가라고 할 정도로 부정적인 분위기였습니다. 이런 상황이다 보니 개혁과정에서 교수들의 반발이 강했습니다. 비서실장의 진언에도 총장의 교육개혁 의지는 멈출 수 없었습니다.

"변화에는 고통이 따를 수밖에 없고, 변화 없이는 절대 발전할 수 없습니다."

총장께서는 이렇게 말씀하시며 혁신적인 변화를 계속 추진하셨고, 이렇게 지속된 대학 개혁은 4년 후 드디어 효과를 나타내기 시작했습니다.

인생의 답은 바로 자기 자신에게 있습니다. 그런 의미에서 나를 찾기 위해 끊임없이 노력했습니다. 저는 수학과 그리 친하지 않지만, 유독 마음이 끌리는 숫자가 있습니다. 바로 '10,000, 즉 1만'입니다. 이 엄청난 숫자 이야기를 한번 해 볼까요?

'1만 시간의 법칙'이라는 말을 아마 한번쯤 들어 보셨을 겁니다. 큰 업적과 성과를 이룬 사람들에게서 들을 수 있는 이 법칙은, 한 가지 분야의 전문가가 되기 위해서는 최소한 1만 시간 정도의 노력을 들여야 한다는 말입니다.

다음은 21세기 가장 영향력 있는 저널리스트로 꼽힌 말콤 글래드웰의 〈아웃라이어〉 책에 소개된 내용입니다.

> 연구자들은 진정한 전문가가 되기 위해 필요한 '매직넘버'에 수긍하고 있다. 그것은 바로 1만 시간이다. 신경과학자인 다니엘 레비틴Daniel Levitin은 어느 분야에서든 세계 수준의 전문가, 마스터가 되려면 1만 시간의 연습이 필요하다는 연구결과를 내놓았다. "작곡가, 야구선수, 소설가, 스케이트선수, 피아니스트 , 체조선수, 숙달된 범죄자, 그밖에 어떤 분야에서든 연구를 거듭하면 할수록 이 수치를 확인할 수 있다. 1만 시간은 대략 하루 세 시간, 일주일에 스무 시간씩 10년간 연습한 것과 같다. (중략) 어느 분야에서든 이보다 적은 시간을 연습해 세계 수준의 전문가가 탄생한 경우를 발견하지는 못했다. 어쩌면 두뇌는 진정한 숙련자의 경지에 접어들기까지 그 정도의 시간을 요구하는지도 모른다.

가늠이 잘되지 않는 이 1만 시간은, 매일 3시간씩 일주일에 스무 시간을 투자하면 10년이나 걸리지만 하루 10시간씩이라면 3년이 걸리는 시간입니다. 그 정도의 많은 시간을 꾸준히 열정을 다해 연습이나 훈련 혹은 학습 등의 경험을 해야만 전문가가 된다는 건데, 굳이 이렇게 숫자를 대입해서 예를 들지 않더라도 성공하려면 부단히 노력하면 된다는 것은 어린 아이도 아는 사실일 것입니다. 저도 1만 시간까지는 아니었지만 사무관 시험 준비를 하는 3년간 쓴, 뼈를 깎는 각고의 시간이 있었기에 합격이라는 결과를 만들어 낸 것이라 믿습니다.

한때 재미있는 글이 인터넷을 떠돌아다녔습니다. 스티븐 스필버그 감독이 한국에서 태어났다면 방송국 PD가 되었을 것이다. 그리고 스티브 잡스는 중국 MP3 수입상, 빌 게이츠는 벤처 사기꾼이, 아인슈타인은 수학과 과학에 비해 다른 과목은 썩 잘 하지 못해서 수능을 망치는 바람에 재수와 삼수를 거듭하다 중국집 짜장면 배달원이 되어 버렸고, 퀴리부인은 일자리가 없어서 봉제공장에서 곰 인형을 만들었을 것이라는 식의 내용이었습니다.

어쩌면 우리가 알고 있는 세상을 뒤흔든 위인들은 성공에 걸맞은 기회를 만난 사람들인 지도 모른다는 것입니다. 그들이 역사의 선택을 받은 인물들이었던 것은 맞지만, 기본적인 소양에 관련된 능력, 리더십, 무엇보다 노력이 뒷받침되어야 하는 것 역시 사실입니다. 뛰어난 재능을 가진 사람들은 많지만, 그 재능에 특별한 기회가 주어지지 않는다면 그냥 사라질 수도 있을 것입니다. 모든 전문가들, 성공한 이들에게 1만 시간의 법칙이 적용되는 이유입니다.

3. 개척자의 마음으로

'크레바스Crevasse'를 아시나요.

빙하가 갈라져서 생긴 깊고 좁은 틈을 일컫습니다. 그 깊이는 천 길 낭떠러지로 매우 위험천만한 곳이죠. 홀로 걷다 크레바스에 빠지게 되면 흔적도 없이 사라지는 무시무시한 일이 벌어지고 맙니다. 크레바스가 눈에 보이면 피해 가면 되지만, 항상 눈으로 덮여 숨어있기 때문에 더욱 위험합니다. 그래서 극지를 탐험하거나 눈 덮인 산을 등정하는 산악인들은 서로의 몸을 묶은 등산용 밧줄을 팽팽하게 유지한 채 이동합니다. 그래야 앞 사람이 크레바스에 빠져도 뒤에 있는 사람이 버텨 그를 구조할 수 있다고 합니다. 이렇게 위험한 크레바스가 도처에 숨어 있는데도 불구하고 수많은 모험가, 탐험가는 눈 쌓인 빙

크레바스

하 위를 거침없이 걷고 또 걷습니다. 나에게 주어진 삶을 개척하기 위해서 말이죠.

2002년의 저도 이런 개척자의 마음이었습니다. 그 해, 저에게 교육인적자원부(교육부)에 들어갈 수 있는 기회가 생겼습니다. 하지만 그 당시에 이렇게 중앙부처로의 진입은 모험이자 도전이었습니다. 왜냐하면 교육부에서 산하기관으로 오는 것이 일반적이지, 반대로 산하기관에서 교육부에 들어간다는 것은 사실 거의 실패할 가능성이 높은 일이었기 때문입니다. 만일 교육부에 들어가지 않고 서울대에 그대로 있다면 비서실장을 마친 후이기 때문에 조직생활에 어려움이 없었을 것입니다. 문제는 서기관에 승진할 때 선배들과 치열한 경쟁을 벌여야 하는 적지 않은 부담감이었습니다. 총장님도 교육부가 워낙 보수적이라 산하기관에서 교육부로 들어가 정상적으로 승진하는 것이 용납되지 않을 것이라며 우려하셨습니다.

진로를 결정해야 하는 시간이 다가오면서 고민이 많아졌습니다. 하지만 무궁무진한 가능성을 품은 새로운 곳을 탐험하고 개척하고 싶었습니다. 절망의 크레바스에 빠지는 것을 두려워하지 않으리라 다짐하며 저는 과감히 도전장을 던졌습니다. 그리고 그 결과 드디어 2002년 8월 교육부 학교정책실로 발령을 받게 되었습니다.

저는 남들이 가지 않은 길을 선택한 고독한 개척자였습니다. 개척자는 결코 멈추지 않습니다. 지치지 않는 열정으로 무장해야 목표를 이룰 수 있습니다. 그래서 저는 결심했습니다. 교육부 공무원 가운데 가장 일찍 출근하고 가장 늦게 퇴근하겠다고 말이죠. 출근은 8시 전에, 퇴근은 밤 10시를 넘기거나 12시 넘길 때도 많았습니다. 물론 쉽지 않았습니다. 하지만 목표를 이루기 위한 각오가 있었기에 가능했던 것 같습니다. 이런 마음가짐으로 정책실에 근무하며 '학교안전사고 예방 및 보상에 관한 법률'을 제정했는데, 이 일 또한 쉽지 않았습니다. 저는 자료를 구하고 전문가를 찾아다니는 등 창조적으로 일을 해나갔습니다. 법무부, 국회, 전교조, 교총, 학부모단체 등 이해관계에서 비롯된 갈등이 많았지만 드디어 80개 가까운 조항으로 구성된 법률 초안이 완성되고 2005년 정부안으로 국회에 제출까지 하게 됩니다.

저의 이런 노력이 빛을 발했는지 발령 후 2년 만에 서기관으로 승진하게 되었습니다. 주변에서는 놀랍다는 반응을 보였습니다. 교육부가 생긴 이래 고참 사무관이 들어와 정상적으로 승진한 경우는 없었다는 말까지 들었던 걸 보면, 저는 꽤 괜찮은 개척자였으며 성공한 정착자가 되었던 것 같습니다.

우리의 인생에도 도처에 크레바스가 숨어있습니다. 때로 크레바스에 빠져 위험해 처하는 순간도 생길 수 있겠죠. 하지만 그렇다고 해서 두려움에 떨며 나아가지 않고 멈춰 서 있다면 어떠한 발전도 결단코 이뤄낼 수 없습니다. 끝으로, 앞서 소개했던 〈연금술사〉의 저자 '파울로 코엘료'의 말을 전합니다.

> 멋진 사람이 되세요.
>
> 하지만 그것을 증명하는 데 시간 낭비는 하지 마세요.
>
> 꿈을 이룰 수 있다는 가능성만으로
>
> 인생은 흥미진진해집니다.
>
> 화창한 날에만 걸으면
>
> 어느 세월에 목적지에 도착할까요.

4. '청춘'과의 운명적 조우

살다 보면 문학 작품이나 예술 작품이 운명처럼 다가올 때가 있습니다. 책 속 한 구절일 수도, 영화나 드라마의 대사 한마디일 때도 있죠. 저에게도 그런 경험이 있습니다. 어떤 시 한편이 제 인생에서 가장 중요한 계기를 만들어 준 것입니다. 지금, 그 소중한 계기에 대한 이야기를 하려 합니다.

교육부에서 근무하고 있던 2005년, 저는 숭실대학교 교수로부터 평생교육학과 박사과정 입학을 권유받게 되었습니다. 당시의 한국은 고령화 사회로 들어서면서 평생 교육이 이슈가 되던 시기였습니다. 미국이나 유럽 국가들은 정식 대학의 학제로 성인학습을 실시하고 있다.

나도 박사학위를 받게 되면 우리나라 평생교육 분야를 개척할 수 있다는 희망이 보였습니다. 석사 학위를 받은 지 16년이 지나 또 다시 배움에 도전할 용기가 나지 않아 주저했으나 결국 2006년에 숭실대학교 대학원 박사과정에 입학하게 되었습니다. 학위 논문의 주제는 퇴직교원의 활용을 통한 평생교육의 다면화 및 확장에 관한 문제로, 논제는 '퇴직교원 인력활용을 위한 1·3세대 간 교육요구 분석'이었습니다. 논문의 목적은 고령화 사회에서의 세대 간 조화를 위한 1·3세대 간 교육에 교원들의 전문성을 활용할 수 있도록 청소년을 대상으로 하는 퇴직준비교원들의 교육요구를 분석함에 있었으며, 연구결과에서는 세대 간의 조화와 평생교육 활성화를 위한 세대 간 교육에 퇴직교원들이 참여할 의사가 충분히 크다는 것을 확인했고, 세대 간 교육에 참여한다면 어떠한 내용으로 어떠한 방법을 원하고 있는지를 다각적으로 분석하고 그 가능성을 제안한 내용이었습니다.

논문 준비과정은 그야말로 고난의 길이었습니다. 당연히 쉽지 않을 거라 예상은 했지만, 힘든 날이 쉼 없이 이어졌습니다. 퇴근 후 저녁 시간을 모조리 수업과 논문을 작성하는 데 사용해야 했고, 특히 토요일은 전일 수업이 아침 8시부터 저녁 7시까지 3년 동안 진행되었습니다.

쌓여가는 피로와 학업 스트레스를 견디다 못해 중도포기를 생각하기도 했습니다. 이렇게 힘들게 박사학위를 따서 무엇 하나, 어디에 써먹을 수 있을까, 이런 생각들이 머릿속을 떠나지 않았습니다. 그때, 운명처럼 이 시를 만나게 되었습니다. 바로 '사무엘 울만'의 <청춘>이라는 시입니다.

청춘이란 인생의 어떤 한 시기가 아니라
마음가짐을 뜻하니
장밋빛 볼, 붉은 입술, 부드러운 무릎이 아니라
풍부한 상상력과 왕성한 감수성과 의지력
그리고 인생의 깊은 샘에서 솟아나는 신선함을 뜻하나니
청춘이란 두려움을 물리치는 용기,
안이함을 뿌리치는 모험심,
그 탁월한 정신력을 뜻하나니
때로는 스무 살 청년보다
예순 살 노인이 더 청춘일 수 있네.
누구나 세월만으로 늙어가지 않고
이상을 잃어버릴 때 늙어가나니
세월은 피부의 주름을 늘리지만
열정을 가진 마음을 시들게 하진 못하지

근심과 두려움, 자신감을 잃는 것이

우리 기백을 죽이고 마음을 시들게 하네.

그대가 젊어 있는 한 예순이건 열여섯이건 가슴 속에는

경이로움을 향한 동경과 아이처럼 왕성한 탐구심과

인생에서 기쁨을 얻고자 하는 열망이 있는 법,

그대와 나의 가슴속에는 이심전심의 안테나가 있어

사람들과 신으로부터 아름다움과 희망, 기쁨, 용기,

힘의 영감을 받는 한

언제까지나 청춘일 수 있네.

영감이 끊기고 정신이 냉소의 눈에 덮이고

비탄의 얼음에 갇힐 때

그대는 스무 살이라도 늙은이가 되네.

그러나 머리를 높이 들고 희망의 물결을 붙잡는 한,

그대는 여든 살이어도 늘 푸른 청춘이네.

'청춘이 마음가짐이라니, 마음의 젊음이라니!

신념과 희망에, 용기에 나날을 새롭게 하는 한 청춘은 영원히 내 것이라니!'

진한 감동을 받은 제 마음속에 두 가지 큰 변화가 일어났습니다.

첫 번째 변화는 삶에 대한 인식을 바꾸는 계기가 된 것이었습니다. 마음에 와 닿는 일, 마음을 움직일 수 있는 배움을 계속하기로 결단한 것입니다. 우물 안 개구리가 되지 않기 위해 10년, 20년 뒤를 내다보면서 여행을 즐기듯 살아가겠다고 다짐했습니다. 특히 이 시에서 표현하고 있는 신선한 정신과 안이함을 뿌리치는 모험심을 펼쳐볼 작정이었습니다. 제 인생이 늘 푸른 청춘이길 바랐습니다.

두 번째 변화는, 뭔가 할 수 있는 일이 있겠다는 신념이 생겨난 것이었습니다. 저에게는 서울대학교라는 최고의 직장에서 수십 년간 일하며 터득한 교육행정 경험과 평생교육의 달란트가 있었습니다. 비록 위대하고 거룩한 일을 아니더라도 한국 사회의 건강한 발전을 위한 일을 찾을 수 있으리라 믿게 되었습니다.

저는 마음을 다잡고 말 그대로 피나는 노력을 다해 열심히 배우며 논문준비에 최선을 다했습니다. 엄청나게 많은 원서의 번역과제를 제출하고 발표해야 해서 시간이 부족했고 현실과 부딪치는 일이 많았지만 온갖 시련을 극복하면서 노력한 결과로 논문이 완성되었고, 논문 심사 결과 우수 논문으로 평가까지 받았습니다. 2009년, 드디어 특별 장학생으로 평생교육학 박사가 될 수 있었습니다. 그리고 박사학위를 받은 지 3년 만에 명예롭게 퇴직하게 되었습니다.

'타인보다 우수하다고 고귀한 것은 아니다.
진정 고귀한 것은 과거의 자신보다 우수한 것이다.'

〈노인과 바다〉의 저자 '어니스트 헤밍웨이'가 한 말입니다.

우리는 끊임없이 발전해야 합니다. 나의 과거보다 현재가 늘 우수해야 진정 고귀한 것입니다. 젊은 시절이 지났다고 자신감을 잃거나 발전과 도전을 포기해서는 안 됩니다. 자리를 잡은 안정된 삶을 살고 있다고 거기에 안주해서도 안 됩니다. 그래야 우리는, 언제까지나, 눈부시게, 푸른, 청춘으로 살 수 있을 것입니다.

5. 아웃라이어를 꿈꾸다

아웃라이어outlier, 앞에서 '1만 시간의 법칙'이 언급되었다고 소개한 책 제목이기도 합니다. 이 단어는 '집 밖에 사는 사람', '문외한'이라는 뜻이 있는데, 이 책에서는 평균치에서 벗어나 다른 대상들과 확연히 구분되는 표본, 즉 보통 사람보다 뛰어나 각 분야에서 큰 성공을 거둔 탁월한 사람을 지칭합니다. 세상에 발자취를 남긴 천재들이라는 건데, 그렇다면 이 아웃라이어는 일반인들은 꿈꿀 수 없는 존재일까요?

이 책의 저자는 성공엔 개인의 노력과 재능보다 주변 환경과 기회가 중요함을 강조합니다. 진정한 아웃라이어란 성공의 기회를 발견한 사람들이라는 것입니다.

기회라는 것은 운명의 배를 타고 흘러오는 게 아닐 것

입니다. 기회를 발견하려면 바닷가에 가만히 누워만 있으면 안 됩니다. 헤엄을 치든 뗏목이라도 만들든 해서 찾아 나서거나, 하다못해 망원경이라도 구해 망망대해를 끊임없이 살펴야 할 것입니다. 그렇게 노력하다 보면 기회를 발견할 수 있다는 것입니다.

이것을 법칙에 대입해 볼까요? 이른바 '줄리의 법칙 Jully's law'으로, 마음속으로 간절히 기원하는 일은 예상하지 못한 과정을 통해서라도 반드시 이루어진다는 일종의 경험법칙입니다. 행운은 우연히 얻어지는 것이 아니라는 것입니다. 이것과 반대 현상이 나쁜 일만 연거푸 일어나거나 좋지 않은 쪽으로 일이 꼬여만 가는 '머피의 법칙Murphy's law'입니다. 학자들은 머피의 법칙은 성공한 것보다 실패한 것만 기억하는 '선택적 기억'에 의한 것이라고 합니다. 머피의 법칙을 샐리의 법칙으로 바꿀 수 있다는 것이죠. 그러기에 어떤 일이든 포기하지 않고 간절하게 소망하고 진행하다 보면 그것들이 쌓여 언젠가는 이룰 수 있다는 줄리의 법칙으로 연결될 것입니다.

간절히 바라고 노력해서 얻은 기회를 성공으로 연결시키려면 그 기회를 놓치지 않는 것이 중요합니다. 누구나 다 아는 이야기 같지만 결코 쉽지 않은 일입니다.

제 인생에도 도전의 기회들이 여러 번 찾아왔습니다.

저는 그 기회들을 저버리지도, 포기하지도, 놓치지도 않았습니다. 40년 가까이 공직생활을 하다가 정년 60세보다 2년 먼저 퇴직하기로 결정한 것도 또 하나의 도전이었습니다. 공직 말년의 특혜 같은 시간를 포기하고 교수가 되고자 했던 것입니다. 하지만 이것 또한 정신적으로 꽤나 힘든 일이었습니다. 계획대로 교수가 되지 못하면 어쩌나, 과연 교수가 되면 구체적으로 무엇을 가르칠 수 있을 것인가, 무엇보다 이 도전 자체가 가능이나 할 것인가, 등등의 생각으로 두렵기까지 했습니다.

교수가 될 수 있는 기회가 보이기 시작한 것은 2011년 서울대에 평생교육원 설립준비 TF팀에 평생교육 전공자 자격으로 참여하게 되면서부터였습니다. 저는 이때 평생교육원 규정안에 연구교수를 두는 조항을 발견했고, 평생교육학도로서 교수가 될 수 있는 유일한 길을 발견했습니다. 하지만 연구교수가 되려면 임용조건에 필요한 교육과 연구 실적이 필요했습니다. 교육행정만 수십 년 해왔기에 교수처럼 연구논문은 써본 적도 없었지만, 결코 꿈을 포기할 수는 없었습니다. 저는 박사과정 재학 중에 썼던 논문, 학술지 및 학회 발표자료, 정책연구과제, 강의 실적 등을 다 모은 후 신설되는 평생교육원의 연구교수에 지원하였고, 결국 서울대학교 연구교수가 되었습

서울대 평생교육원 연구실에서

니다.

이렇게 해서 드디어 평생교육원의 연구교수로 부임하게 되자, 시작부터 각오를 단단히 다져야했습니다. 강의 실력도 갖춰야 하고 연구도 해야 했기에 그야말로 하루하루가 눈코 뜰 새 없이 바쁘게 흘러갔습니다. 부족한 강의 실력 보충을 위해 서울대학교 교수학습개발센터에서 개설한 '예비 교수자 양성과정'을 수료했고, 강의기법 향상을 위해 '지식 나눔 포럼'을 조직한 후 대표가 되어 3년 이상 열정적으로 강의 기법을 익혔습니다. 또다시 앎과 배움의 여정이 이어진 것인데, 이렇게 고된 과정도 학문적인 열정과 호기심이 에너지가 되어 버텨낼 수 있었던 것 같습니다.

서울대학교 교수의 꿈을 이룬 저는, 또 다른 꿈을 꾸게 되었습니다. 그것은 바로 저의 고향인 전주대학교에서 교수가 되는 것이었습니다. 그리고는 마침내 이 꿈이 이루어지는 날이 오게 됩니다. 2015년 4월, 전주대학교에 교육학과 교수로 발령을 받게 되었을 때를, 생애 최고의 꿈을 이룬 행복한 순간으로 기억합니다.

영국의 저술가 '사무엘 스마일스'는 '생각을 바꾸면 행동이 바뀌고. 행동을 바꾸면 습관이 바뀌고. 습관을 바꾸면 인격이 바뀌고. 인격을 바꾸면 운명이 바뀐다.'고 했습니다.

끊임없이 도전하고 또 도전하십시오. 그리하여 성공의 기회를 발견하는 아웃라이어를 꿈꾸십시오. 그 누구든, 할 수 있습니다.

III

함

배움의 실행,
평생학습의 실천

앎으로 얻은
소중한 씨앗들에서 키워낸,
평생교육전문가로서
'함'을 펼친 일들을
이야기해보려 합니다.

"만남은 교육에 선행한다"

1. 배워서 남 주자!

한때, 유명 개그맨이 방송에서 명언을 살짝 뒤집는 재미있는 말들로 반향을 일으킨 적이 있습니다. 그 중 몇 개를 소개해보겠습니다.

> '지금 공부 안 하면 더울 때 더운 데서 일하고
> 추울 때 추운 데서 일한다.'
> '늦었다고 생각할 때는 진짜 늦었다.'
> '즐길 수 없으면 피하라.'

어차피 나에게 닥칠 일이라 피할 수 없다면, 기쁜 마음으로 즐겁게 임하라는 속담인 '피할 수 없으면 즐겨라'를 비튼 말로, 무작정 부딪치지 말고 즐기지 못할 일은 피하라는 뜻입니다.

"가는 말이 고우면 얕본다."

이 말은, 먼저 친절을 베풀었음에도 불구하고 얕잡아 보는 이들에게 가한 일침이었습니다. 정곡을 찌른다는 의미인 요샛말로 '뼈 때리는' 말인 것입니다. 이렇듯 한낱 말장난이 아닌, 현실감 넘치는 소신 발언들이었기에 더 주목을 받았던 것 같습니다.

저도 하나 예를 들어보겠습니다. 바로 '배워서 남 주나?'가 아닌 '배워서 남 주자!' 입니다.

앞서 제가 가장 중요하게 여기는 삶의 방식을 '강미이학습强美以學習'이라는 말로 만들어보았다고 했습니다. '배움을 통해 삶을 강하고 아름답게 하자'는 뜻입니다. 이것은 제 삶에 대입되기도 하지만, 저를 포함한 모든 사람들에게도 적용되길 바랍니다. 즉, '배워서 남 주나?'의 의미에 가까운 '강미이학습'이 '배워서 남 주자!'가 된 것입니다. 이것은 제 인생의 또 다른 모토가 되었습니다. 어찌 보면, 교수의 길을 걷게 되었으니 자연스러운 변화일 수도 있겠지만, 제겐 참 행복한 기회가 되었습니다. 평생학습의 길로 발을 더 깊이 들일 수 있는 기회가 되었으니까요.

저는 학습의 진정한 목적 두 가지는 나를 위한 것과 사회를 위한 것이라고 생각합니다. 나를 위한 것은 자아실현과 삶의 질을 높여 내가 나답게 살아가는 것이고, 사회를 위한 것은 내가 속한 사회를 내 덕분에 더 나아지게 만드는 일에 보탬이 되게 살아가는 것입니다.

그럼 이제, 제가 삶에 '앎'을 더해 지을 수 있었던 '함'이라는 집에 대한 이야기 중에서 우선 강의 활동에 대한 이야기를 해보겠습니다.

저는 2009년 1학기부터 4개 학기 동안 숭실대학교 학부 및 대학원생을 대상으로 '세계 속의 한국사회와 교육'과 '성인학습 및 상담' 강의를, 2012년 9월부터는 한국방송통신대학교 프라임칼리지 'OER Open Educational Resource 제 2인생 설계과정' 강의를 맡기도 했습니다.

2015년부터 전주대학교 교육학과 학부 및 대학원생을 대상으로 한 '평생교육론' 강의를 시작으로 '교육행정 및 교육경영', '사회교육방법론', '교육철학 및 교육사', '교육학-영화에서 만나다', '교직실무' 과목을 강의했습니다.

또한, 2012년 6월부터는 메가원격평생교육원에서 온라인으로 '평생교육론' 강의와 '평생교육실습'을 지도했습니다. 대학 강의 외에도 서울대학교 대학행정교육원,

우정 공무원교육원, 중앙공무원교육원과 용산구청, 구로구청, 성북구청, 서울시청, 그리고 경기도 등에서 여러 강의를 했고, 지금도 꾸준히 이어지고 있습니다.

전주대학교에서는 교사의 꿈을 가진 학생들을 가르치는 일에 더욱 큰 의미를 부여하였고 사명감도 남달랐던 기억이 납니다. 기존 강의 교수법을 탈피해서 학생들이 참여하고 토론하는 방식을 도입해보기로 마음먹고, 온·오프라인을 결합한 혼합형 학습인 '블렌디드 러닝blended learning' 과목을 운영하겠다고 교무처에 신청했습니다. 블렌디드 러닝은 학기 시작 전 미리 15주 강의를 교안으로 만들어 영상 촬영까지 마쳐야 했습니다. 학생들은 인터넷으로 집에서 강의를 듣고 강의실에서는 대면의 토론학습으로 이루어지는 방식이었습니다. 이런 강의는 저에게 또 다른 활력과 도전이 되어, 더욱 즐기는 교수생활을 할 수 있었습니다.

그 시절을 추억하며, 그리고 그 시절의 각오를 되새기는 의미로 전주대학교에 막 부임했을 때인 2015년 6월 3일자 대학신문에 실렸던 '전주대학교 캠퍼스에 들어서며' 내용 중 일부를 소개해봅니다.

전주대학교 대학신문

JEONJU UNIVERSITY NEWSPAPER 2015년 6월 3일자

전주대학교 캠퍼스에 들어서며

철쭉이 어깨를 들먹이고 고운 목련과 화사한 벚꽃들이 가득한 캠퍼스를 보고 있노라면 미래의 꿈을 생각해야만 될 듯합니다. 이 아름다운 계절에 전주와 천잠이 만나는 곳 전주대학교 캠퍼스에 들어섰습니다. 만학의 노력과 행운이 함께한 결실로 평생교육이라는 새로운 학문을 접하면서 30여 년 동안의 공직생활을 마무리하고 있던 때 우연히 사무엘 울만의 '청춘'이라는 시 한 소절을 접하게 되었습니다.

'청춘이란 인생의 어느 기간을 말하는 것이 아니라 마음의 상태를 말하는 것, 청춘은 인생의 깊은 샘에서 오는 신선한 정신, 유약함을 물리치는 용기, 안일을 뿌리치는 모험심, 때로는 이십대의 청년보다 육십이 된 사람에게 청춘이 있다. 나이를 먹음으로써 늙는 것이 아니라 이상을 잃음으로서 늙는 것이다. 세월은 우리의 주름살을 늘게 하지만 열정을 가진 마음을 시들게 하지는 못한다.'

이 짧은 소절은 진한 감동

과 함께 제 자신을 변화시키는 계기가 되었습니다. 우선 이 글을 통해 삶에 관한 인식을 온전히 새롭게 바꾸게 되었습니다.

솔직히 말하자면 지천명의 나이에 이르기까지 스스로 일과 학습에 최선을 다했다고 여겼습니다. 그러나 그 노력은 공직에서의 승진을 목표로 하거나 좋은 점수를 얻기 위한 공부였습니다. 그렇지만 이제부터는 그런 배움이 아니고 마음에 와 닿는, 그리고 마음을 움직일 수 있는 배움을 결심하게 되었습니다. 또한 우물 안 개구리가 되지 않기 위해서 10년 20년 앞을 내다보면서 생이란 멋진 여행임을 깨닫는 계기가 된 것입니다.

앞으로 전주대학교 그리고 우리 사회가 더 성장하고 발전하는 데에 일익을 담당할 수 있도록 더욱 노력할 것입니다. 나이와 관계없이 내가 남보다 잘할 수 있는 일이 무엇일까, 내가 즐기면서 할 수 있는 일은 무엇일까를 끊임없이 찾아 나서려고 합니다. 한 가지 명확한 정답은 학생들을 열심히 그리고 정성스레 지도하는 일이라고 믿습니다. 지금까지보다 더 열심히 지식과 지혜를 주변과 나누며 지내고자 합니다. 내 휴대폰에 저장된 사람의 숫자보다 내 번호를 가지고 있는 사람이 훨씬 더 많았으면 좋겠습니다. 이 희망을 우리 전주대학교 가족 모두에게 전하고 싶습니다. 아울러 스스로 존재하는 이유에 대해서도 꼼꼼하게 따져보면서 말입니다.

2. 등불처럼, 등대처럼

우리에게 많은 지혜와 교훈을 주는 '탈무드'에 나오는 일화 하나를 소개합니다.

어떤 나그네가 어두운 밤길을 걷고 있는데 맞은 편에서 누군가가 등불을 들고 걸어오고 있었습니다. 자세히 보니 그는 눈먼 사내였습니다. 나그네가 그에게 묻습니다.

"이보시오, 당신은 앞을 보지도 못하는데 왜 등불을 들고 다니시오?"

그러자 눈먼 사내가 담담하게 말했습니다.

"저는 등불이 필요 없지만, 이 등불이 있어야 다른 사람들이 저와 부딪히지 않겠지요."

이 말을 들은 나그네는 그만 얼굴이 빨개졌습니다. 자

신보다 남을 생각하는 눈먼 사내의 마음이야말로 세상을 밝게 비춰주는 등불이었던 것입니다.

눈이 먼 이에게는 어둠 속의 등불이 필요 없지만 길을 가다 마주치는 상대방에게는 필요합니다. 그 등불이 자신의 존재를 알려주어야 상대방이 멀리서도 이를 알고 길을 피해 갈 수 있기 때문입니다.

이 등불과 같은 존재가 바로 밤바다의 등대입니다. 바다와 배를 환히 비추는 등대도 자신을 위한 것이 아닌, 타인을 위해 빛을 냅니다. 자신을 태워 세상에 빛을 밝히는 촛불 같은 존재인 것입니다.

제 '삶'에 전공분야로서의 '앎'을 더해 '함'을 펼치다 보면 등불이, 등대가 될 수도 있지 않을까 생각합니다. 2016년에 그런 운명 같은 기회가 저에게 또 다시 찾아왔기 때문입니다.

제가 전공을 살려 새롭게 도전할 수 있는 기회를 준 곳은 가천대학교였습니다. 2016년 9월에 평생교육원장으로 임명된 것입니다. 그동안 교육행정공무원으로 근무한 행정경험과 교육정책을 다룬 경험을 살려 전공분야 평생교육을 활성화시키라는 사명을 갖게 했습니다.

도전과 응전의 각오로 평생교육의 첨병으로써 가천대

의 명성과 실적을 높이는 일에 최선을 다하겠다는 각오를 가졌으나, 막상 40년 가까이 공익 조직에 몸을 담고 있다가 사익 조직으로 바뀐 환경에서 조직 문화의 차이를 극복하는 것이 쉽지 않았습니다. 그 극복을 위한 노력의 시간을 보내며 저는 앞으로 평생교육원을 어떻게 운영할지에 대해 각오를 다졌습니다.

원장으로 부임해서 가장 먼저 한 일은 평생교육원을 '글로벌미래교육원'으로 명칭을 바꾸는 것이었습니다. 글로벌 시대에 맞추고, 4차 산업혁명시대의 변화를 선도하며 미래 사회에 필요한 평생교육을 지향하겠다는 의미를 담기 위한 일이었습니다.

저는 글로벌미래교육원 직원들에게 각자의 잠재능력을 발휘할 수 있도록 도움을 주고자 했고, 즐거운 직장이 될 수 있도록 노력했으며, 교육원에서 학습하는 성인학습자들에게는 교육다운 평생교육을 제공해서 가천대학교가 가지고 있는 노블레스 오블리주Noblesse oblige의 사회적 책임을 실천하고자 힘썼습니다.

가천대학교 평생교육 발전 전략은 학위교육과정과 일반교육과정, 최고지도자과정으로 구분해서 적극 추진했습니다.

먼저 학위교육과정은 종합대학이 가지고 있는 가천

대의 강점 분야를 특화 및 전문화하겠다는 전략으로 태권도, 체육학, 건강관리, 아동학, 경찰행정학 등의 전공을 탄탄하게 발전시켜 나갔습니다.

다음은 일반교육과정인데, 이 과정은 일반인을 대상으로 학기 단위로 약 30개 과정을 운영하며 누구나 원하는 분야를 선택해서 자유롭게 수강할 수 있었습니다. 특히 한국어문학과 교수가 운영하는 '시창작' 과정을 비롯한 '노래지도자 양성과정', '4050 건강 웰니스 원시인 건강법'등 인기 과정들이 다수 운영되었습니다.

마지막으로 가천 WCPWellness Convergence Program 최고위과정입니다. 이 과정은 웰니스Wellness를 특화한 CEO과정으로, 웰니스란 웰빙Wellbeing과 웰에이징Wellaging, 웰다잉Welldying을 결합한 신체적, 정신적, 사회적 건강과 행복을 아우르는 총체적 해피니스의 의미로 만든 용어입니다.

대학 최고지도자과정으로 운영되는 가천대학교 WCP과정은 저의 인생모델을 탑재한 과정이라고 말할 수 있습니다. 이 과정을 설계하게 된 배경은 제가 수료한 서울대학교 제 3기(U3A: University of The Third Age) 인생대학에서 인문학 강좌로 진행되는 인생설계 과정과 서울대학교 장수과학최고지도자과정에서 의대 교수 직강으로 진행되는 건강장수 최고위과정을 통해 체득한 학습 경험

가천대학교 학위수여식

에서 비롯되었습니다.

제 3기 인생대학을 한국적으로 재설계하고, 40대 이후의 중장년을 대상으로 어떻게 하면 심신을 건강하게 유지하고 스스로의 삶을 윤택하게 만들 수 있는가를 실증적으로 확인하는 국내 최초의 과정이 되었습니다.

이렇게 3가지 발전전략과 병행해서 가천대 글로벌미래교육원은 호모 헌드레드homo hundred 백세 장수시대에 맞춰 자신의 적성과 재능을 충분히 펼치고 건강하고 즐거운 삶을 살기 위한 다양한 평생교육 프로그램을 확대해 나갔으며, 신新중년을 포함한 다양한 연령층의 성인학습자들이 참여하는 평생학습사회를 만드는 데 일조하기 위해 노력했습니다.

저는 대학의 행정과 교육정책을 40년 가까이 수행하

여 청조근정훈장, 대통령 근정포장 등을 수상했습니다. 이렇게 우리 교육 발전을 위해 일해 왔던 행정과 정책 결정과정의 경험과 노하우는 성인학습의 이론 및 현실에 기초한 평생교육 해법을 제시할 수 있었습니다. 그리고 현실적 감정 공유에 기초한 평생교육을 통해 한국사회의 교육 양극화 해소를 주안점으로 하는 평생학습사회 조성에 기여하도록 노력할 것입니다.

저의 제 1의 인생 도전은 공무원으로서의 성공이었고, 제 2의 인생 도전은 대학교수로서 성공하는 것이었습니다. 앞서 이야기했듯, 저는 이미 과분하리만큼 초과하여 성공을 이루었습니다. 앞으로는 한국사회 구성원의 한 사람으로서 저를 아는 사람들이 저에게 갖는 기대와 신뢰에 부응하고 그간의 노력과 과정에 손상되지 않는 자세와 품위를 유지하면서 지금까지 사회로부터 받았던 혜택과 성공에 보답하기 위해 저의 시간과 능력을 사회에 환원하겠다는 자세를 견지하며 살 것입니다.

이것은 제게 남은 생의 오롯한 사명입니다. 그런 의미에서 다시 한번 각오를 다져봅니다. '배워서 남 주자!'를 넘어 제 힘이 닿는 한 오래도록 평생교육의 등불처럼, 등대처럼 살아보자고 말입니다.

3. 평생학습사회 실현에 앞장서다

도가의 창시자인 '노자老子'는 '사람에게 물고기를 주는 것은 그에게 물고기 잡는 방법을 가르쳐주는 것만 못하니라授人以魚, 不如授人以漁'고 했습니다. 이와 비슷한 의미로 탈무드에는 '한 마리 물고기를 주면 하루를 먹고 살 수 있다. 하지만 물고기 잡는 법을 알려주면 평생을 먹고 살 수 있다.'는 말이 있죠.

조선 중기의 학자 '율곡 이이'는 '공부란 늦춰서도 안 되고 성급해서도 안 되며 죽은 뒤에야 끝나는 것이다. 만약 공부의 효과를 빨리 얻으려 한다면 이 또한 이익을 탐하는 마음이다. 공부를 늦추지 않고 서두르지 않으면서 평생 꾸준히 해나가야지 그렇지 않고 탐욕을 부린다면 부모가 물려준 이 몸이 형벌을 받고 치욕을 당하게 만드는 것이다.'라는 말을 남겼습니다.

평생학습의 선각자들이 남긴 말처럼 평생학습의 중요성과 필요성을 일찌감치 체득한 저는 대한민국 평생학습사회 조성을 사명으로 정한 후, 우리사회에 평생교육을 제공하는 촉매자 역할을 '함'을 위해 꾸준히 노력을 거듭해오고 있습니다. 이 같은 노력은 가천대학교에 몸담기 전부터 이어져 왔는데, 사회 활동조직을 새로 신설하거나 기존의 조직에 참여해서 활동하고 있습니다. 그 작은 발자취를 잠시 소개해보겠습니다.

S & J 시앤주 아카데미

- 재능 나눔을 실천하는 평생학습 협동조합

2012년, 저는 고령사회교육원에서 진행하는 노인심리상담사 교육 과정의 학생회장을 맡게 되었는데, 이때 저와 뜻을 같이하는 분들과 협동조합 설립에 대한 논의를 거친 후 2013년 8월 30일, 사회공헌 조직의 성격을 띤 협동조합을 설립하였습니다. 바로 '시니어 & 주니어를 위한 아카데미'의 약자인 '시앤주 아카데미Senior & Junior Academy'입니다.

시앤주 아카데미는 100세 시대를 맞이하여 '창조적 평생학습사회 크레토피아Cretopia의 실현'이라는 비전을 가지고 있습니다. 크레토피아는 'Creativity & Utopia'의 합성어로, 모든 사람들에게 배움의 즐거움을 경험하고 자아실현과 삶의 질 향상을 추진하는 평생학습사회를 의미합니다.

저는 시앤주 아카데미 설립 초기부터 이사장직을 맡아 훌륭한 임원들과 함께 주로 어르신들에게 강의와 현장 탐방을, 청소년들에게는 적성 찾기 토크쇼와 안전교육으로 집중해서 운영해왔습니다. 그 결과 서울시 평생교육 시민제안사업 최우수프로그램으로 선정되었고,

시앤주 아카데미 발기인총회

2016년에는 서울시 평생교육 시민제안사업 우수기관으로 선정되어 서울시장 표창을 두 번이나 받는 영광을 안게 되었습니다. 하지만 이에 안주하지 않고 교육과 연구에 발전적으로 노력하고 있으며 복지관, 어르신대학, 경로당 등 노인 단체와 연계한 어르신교육 분야와 조합원의 일자리 창출을 위한 맞춤형 평생교육 프로그램 개발에도 집중하고 있습니다.

BLL 뷰티비지니스 학회

- 산학연 연계, 뷰티인들에게 평생학습 착근

2017년에는 한국사회의 아름다운 삶을 선도하는 대표적인 학회인 '뷰티비지니스 학회' 회장직을 맡았습니다. 뷰티인들에게 평생학습을 통한 내면 채우기의 역할에 중점을 두고 학계 교수는 물론 산업체 CEO 및 임직원 등 각 분야의 실력 있는 다양한 전문가들이 활동하고 있습니다. 그 결과, 뷰티비니지스 분야의 평생학습을 통한 뷰티인의 역량 강화에 일조했음을 자부합니다. 학회 소개를 위해 홈페이지에 게재된 회장 인사말을 옮겨봅니다.

회원 여러분 안녕하십니까? 뷰티비즈니스 학회장 신재홍입니다.

우리 학회가 지난 2017년 5월 '뷰티비즈니스 학회'로 정식 출범한 이후 홈페이지를 통해 많은 회원 여러분들을 다시 뵙게 되어 너무나 행복합니다. 지난 학회 출범식에는 모두 공사다망하신데도 불구하고 소중한 시간을 내시어 함께 자리해 주셔서 다시 한번 감사드리며 회원 여러분께 진심으로 환영의 말씀을 드립니다.

여러분, 요즘 시대가 너무 빠르게 변화되고 있다는 생각이 들지 않으십니까? 특히 배움에 있어서는 더욱 그렇다는 생각이 듭니다. 과거 우리 어른들은 '공부할 때를 놓치면 어려우니 학교 다닐 때 부지런히 공부해라'라고 하였지만 이제는 100세 시대로 평생을 배워야 하는 평생학습시대가 되었습니다. 이와 함께 학벌보다는 실력을 우선시하는 사회에서 바로 코앞에 4차 산업혁명이라는 큰 변화를 맞이해야하는 시대에 살고 있습니다.

이러한 평생학습과 4차 산업혁명 시대는 우리 뷰티비즈니스업계에도 예외일 순 없습니다. 우리 주변을 보더라도 의식주는 물론 아름다움에 대한 욕구가 높아지면서 삶과 사회관계의 질이 점점 더 높아지고 있습니다. 이러한 현재와 다가오는 미래에서 과연 우리가 해야 할 과제가 무엇인지 끊임없이 고민하고 연구해야 할 것입니다.

그동안 여러분들의 도움과 헌신적인 노력으로 앞서 말씀드린 바와 같이 괄목한 만한 성과가 있었습니다. 직업훈련 선진국을 표방하는 실력중심의 사회를 이끌고자 미용분야의 NCS 개발 구축, 학습모듈 개발, KQF 시범사업, 일학습 병행, 도제사업 등 다양한 국가사업들을 수행하시는 분들이 함께 해주신 덕분이라 생각합니다.

그러나 여기에 안주하지 말고 더 노력해야 할 것입니다. 우리 학회는 학계 교수님들은 물론 산업체 CEO 및 임직원 등 각 분야의 실력 있는 다양한 전문가들이 대거 참여하고 있으며 산·학·연·관이 유기적으로 협력하여 성장해 나갈 것입니다. 이에 우리의 역량을 모아 지속적인 연구는 물론 국내·외 학회 및 산업체와의 교류를 위해 최선을 다해 노력하고자 합니다. 이러한 우리 학회의 노력에 대한 결과는 곧 뷰티비즈니스 분야의 발전으로 나타날 것이라고 확신합니다.

저는 우리 '뷰티비즈니스 학회'가 4차 산업혁명시대의 변화에 대비한 뷰티인의 역량 강화에 마중물이 될 수 있기를 희망합니다.

앞으로 우리 학회가 회원 여러분들의 적극적인 참여와 관심, 큰 애정 속에 지속적으로 성장해 나갈 것을 확신하며 끝으로 장석주님의 시 '대추 한 알' 중의 일부를 전해 드립니다.

'저게 저절로 붉어질 리는 없다

저 안에 태풍 몇 개,

저 안에 천둥 몇 개,

저 안에 벼락 몇 개'

늘 건강하시고 행복하시길 기원합니다.

한일뷰티비지니스학회 공동학술대회(일본)

KACE 성남지역사회교육협의회

- 평생교육의 주소는 지역사회

저는 2016년부터 4년 동안은 성남시 평생교육협의회 이사로, 2018년부터 현재 성남지역사회교육협의회 회장으로 활동하고 있습니다.

성남지역사회교육협의회는 각 분야 전문가들이 자원 참여하여 건강한 가정, 즐거운 학교, 활기찬 지역 만들기 사업을 적극 추진하는 민간단체입니다.

사업 내용은 다음과 같습니다.

먼저, 즐거운 학교를 만들기 위해 학부모 리더십 교육, 학부모 의식 교육, 학교도서관 사서 도우미, 독서 지도 명예 교사, 예절 명예 교사, 급식 모니터링, 체험학습 도우미, 상담 명예 교사 등 학교 돕기 전문 인적 자원 양성 교육, 학교 평생 교육 프로그램 보급 및 지원, 방과후 교육, 재량 학습, 체험 학습 프로그램 보급 및 지원 활동을 합니다. 건강한 가정을 만들기 위해 5~10주 과정의 부모 교육 프로그램과 좋은 아빠 교실, 좋은 부모 대회, 부모 교육 강사 양성, 부모 교육 관련 교재 제작 및 보급을 하고 있으며, 활기찬 지역 사회를 만들기 위해 차세대 리더십 학교, 놀토 체험 학습, 예비 중학생 교실 등의 아동·청소년

KACE 성남지역사회교육협의회 제24차 정기총회

KACE 성남지역사회교육협의회 창립20주년 기념식 및 심포지엄

사업을 수행하고, 성남 차문화제, 성남 북페스티벌, 우리 음식 전시회, 알뜰 바자회 등 지역 공동체 사업을 진행하고 있습니다.

이렇듯 다양한 지도자 양성 교육 프로그램을 물론, 대상별 및 계층별, 그리고 수준별 기준에 따라 다양한 평생교육 지원 프로그램이 진행되고 있습니다. 앞으로도 더욱 다양한 평생교육 프로그램 개발 및 지원에 적극 힘써 나갈 것입니다.

aSSIST 글로벌평생학습원

- 모두에게 열린 평생학습터

저는 2020년, 서울과학종합대학원 행정처장과 교무행정처장을 거쳐 2021년부터 현재 서울과학종합대학원대학교의 평생학습 전담기관인 글로벌평생학습원을 신설, 원장으로 일하고 있습니다. 앞으로 학점은행제 학사과정과 비학위과정 등 삶을 다채롭게 해 줄 평생학습을 준비하고 있습니다.

최고의 접근성을 갖춘 평생배움터인 글로벌평생학습원은 'Bridge for Tomorrow' 내일로 곧, 희망의 내일로 건너가는 다리가 되기 위해 노력하고 있습니다. 서울과학종합대학원대학교는 이미 지난 1995년부터 유수의 대기업을 포함한 기업의 핵심인재교육 분야에서 국내 최고 수준의 대학원으로 알려져 있습니다. 이러한 바탕 위에 학위과정에서는 '학점은행제 경영학사'를 가장 효율적인 방식으로 최소의 단기간에 마치도록 하고, 이어 더욱 전문적인 능력 함양을 위해 진학을 원할 경우 대학원을 연계한 다양한 브릿지 코스Bridge-course를 제공합니다. 시민이면 누구나 이곳에서의 학습을 통해 '앎'이 삶의 도구이며 희망이 될 수 있도록 뛰겠습니다.

aSSIST 글로벌평생학습원 교직원과 함께

4. 평생학습사회의 이상적 모델 제시

사람마다 삶의 목표가 다르듯 삶의 길도 다릅니다.

저는 제 삶의 목표를 달성하는 수단으로 배움의 길을 선택했습니다. 그리고 배움으로써 삶의 목표를 성취했습니다. 공무원 생활을 하면서 학사, 석사, 박사까지 마치기에는 시간도 부족했고 어려움이 많았습니다. 결과적으로 지속적인 교육을 위해 주말, 휴일, 퇴근 후의 시간, 즉 즐길 수도 있었던 시간을 거의 100% 사용해야 했고, 때로는 바쁜 일과 중에 눈치를 살피며 시간을 내야하는 어려움도 많았습니다. 우리 사회가 바라는 이상적인 평생학습사회와는 거리가 멀었습니다. 하지만 저는 이러한 주변 환경을 탓하지 않았고 운명처럼 현실을 받아들이고 배움에 매진했습니다. 이렇게 배움의 길을 걸어오면서 평생학습사회가 필요하다는 것을 누구보다도 실감했고, 결과적으로 평생학습사회를 만드는 일이 저의 사명으로 자리잡게 되었습니다.

제가 생각하는 평생학습사회는 국민들이 스스로 원하는 일에 학습시간을 즐겁게 투자하는 것입니다. 왜냐하면 일이 없다면 존재 이유가 없다는 의미이고, 일이 즐거우면 세상이 낙원이 되고, 일이 괴로우면 세상이 지옥이 되고, 일이 의무이면 세상의 노예가 되기 때문입니다.

또한, 평생에 걸쳐 학습하는 존재로서 인간에게 학습이란 스스로 선택했는지의 여부가 참 중요합니다. 공부를 성공의 도구로만 생각하면 공부는 강요되는 것, 하기 싫은 것으로 여겨질 수 있습니다. 하지만 학습의 본질은 자신의 세계가 변화하는 경험, 즉 앎과 삶이 하나가 되어 스스로의 삶이 변화하는 과정에서 오는 즐거움입니다.

학습이란 알아야 하는 것을 배우는 것이 라고 할 수 있습니다. 무엇인가에 호기심을 갖고 시간을 투자해서 배우며 익히는 것을 학습이라고 할 수 있습니다. 우리 주변의 많은 사람들이 뭔가 새로운 것을 배우고 싶어 합니다. 외국어나 운동, 악기 등 다양하고 새로운 것을 배우고 싶어 하는 이유는 평생 배움을 가까이하는 삶이 행복하다고 느끼기 때문일 것입니다.

앞으로 학습사회는 대학이 주도해야 합니다. 대학은 지방 정부와의 협업을 통해 학습하는 사회를 만드는 일을 선도해야 합니다. 저는 대학에서 평생 일하면서 학습사회에 대해 고민하는 시간을 많이 가졌습니다. 국립 서울대학교와 사립 가천대학교, 전주대학교, 숭실대학교, 서울과학종합대학원에서 평생학습사회의 이상적 모델에 대해 교육과 연구에 참여할 기회가 있었습니다. 그 기회를 통해 제가 주도적으로 참여했던 평생교육 과제는 '세대간 공동체교육' '과학적 장수학습' '학점은행제도' '이스라엘 교육' '대학평생교육 발전계획' '트리버시티 Triversity' 등입니다.

첫째, 2008년부터 숭실대학교 대학원 박사학위 논문 '퇴직 교원 인력활용을 위한 1·3 세대 간 교육요구 분석'을 통해 고령화 사회에 있어서 세대 간의 조화와 평생교육 활성화를 위해 교육 전문가인 교원들의 전문성을 세대 간 교육에 활용할 수 있도록 하는 1·3 세대 간 교육 연구를 조사하고 분석해 박사학위 논문을 작성했습니다.

둘째, 2011년 서울대학교 장수과학 최고지도자과정의 졸업 논문에 '과학적 장수학습이 제 3기 인생 성공에 미치는 영향분석'에서 저의 실증적 사례를 연구, 과학적 장수학습을 통해 중·노년기의 3기 인생을 타인에게 의존하지 않고 희생하지 않으면서 스스로 설계하고 준비해야 한다는 내용을 담았습니다. 이 논문은 최우수논문으로 선정되었습니다.

셋째, 2012년부터 서울대학교 평생교육원 연구교수로 일하면서 '학점은행제도의 도입'연구를 통해 국민 교육복지의 구현과 학습권 보장을 위한 학점은행제도가 학교교육에서 뿐 아니라 학교 밖에서 이수한 결과를 누적 관리하여 학위, 학력, 자격의 형태로 인정해 주는 학점은행제도의 서울대학교 도입 연구를 수행했습니다.

넷째, 2015년부터 전주대학교 사범대 교수로 있으면서 학부생과 대학원생들에게 소개했던 '이스라엘 교육에 대한 기초적 이해, 후츠파 정신 및 하브루타' 교육 내용입니다. 특히 우리나라 교육의 문제점으로 제기되어 온 창의성과 문제 해결력의 부족, 그리고 지적 호기심의 취약성을 이스라엘 교육에 비추어 탐색했습니다.

다섯째, 2016년부터 가천대학교 글로벌미래교육원장

으로 일하면서 평생교육 첨병기관으로서의 역할을 장기적이고 발전적으로 수행하기 위해 국내의 대학평생교육원의 현황과 평생교육 동향과 실태 분석을 통해 '가천대학교 평생교육원 장기 발전계획' 연구를 수행했습니다.

여섯째, 2020년부터 현재 서울과학종합대학원대학교aSSIT 글로벌평생학습원장으로 일하면서 '학점은행제 학부과정'의 도입과 평생교육 이상 모델 '트라이버시티Triversity College' 구체화 방안 만들어 가고 있습니다. 트라이버시티는 모든 사람이 '평생 3번 오는 대학'으로 대학의 평생교육의 이상적인 모델이자 저의 사명이기도 합니다.

5. 교육의 패러다임 전환

인간에게 부여된 가장 큰 희망은 '인간이 평생을 통해 성장할 수 있다는 것'입니다. 인간은 평생을 통해 축적해 온 지식과 기술과 경험이 능력과 복지에 영향을 미칩니다. 그러하기에 노년기 이전부터 가능하면 빠르게 건강한 생활습관을 유지하고, 직업기술과 능력을 배양하며 사회적 관계망을 유지하는 것이 중요하다 할 수 있습니다.

이러한 의미에서 저는, 우리 사회에 다음 세 가지 평생학습운동을 제안했는데, 하나씩 살펴보겠습니다.

교육에서 학습으로

'교육은 생활이고 성장이며 계속적인 경험의 재구성 과정이다(존 듀이 John Dewey 1859-1952)', '인간은 자연의 학생이고 지구는 인류의 학교이다(빌헬름 딜타이 Wilhelm Dilthey 1833-1911)'

학자들은 이렇게 교육의 사회와 문화의 중요성을 강조합니다. 하지만 저는 학습이란 삶에 씨앗을 뿌리는 것이요, 새로운 것들과의 만남이요, 깨달음이요, 삶 자체라고 정의하겠습니다. 결국 배움이란 형식에 구애되지 않고 자아실현과 사회 구성원으로서 삶의 질과 관계의 질을 높여 나가는 과정이라고 생각합니다.

한편, 세계 교육정책을 선도하는 유네스코UNESCO에서 교육에 대한 패러다임 전환 논의가 이루어졌습니다. 1972년 포르Faure가 제시한 '존재를 위한 학습Learning to Be'에서 1996년 들러Delors가 제시한 '학습, 그 안에 보물Learning: The Treasure Within'로 지식기반 경제로의 대전환이 이루어지면서 학교교육에서 평생학습으로 바뀌었습니다. 교육의 객체에서 학습의 주체로 전환된 것입니다.

평생학습이 추구하는 이상적 사회는 학습하는 사회입니다. 학습사회란 일을 하거나 여가를 즐기면서도 학습하는 사회입니다. 평생학습사회란 평생 동안 누구나, 언제 어디서나 원하는 교육을 받을 수 있는 학습을 용인하고 지원하는 사회입니다. 이제 학교교육에서 평생학습으로 인식 전환이 필요합니다. 교육 중심의 시대는 학습 중심의 시대로 바뀌어야 합니다. 평생학습이라는 시장바구니에 교육과 학습들을 함께 담는다는 의미입니다. 아직도 우리 사회는 교육과 학교교육을 동일시하는 경향이 있습니다. 교육이 커리큘럼을 가르치는 것이라면, 학습은 학습자가 주체가 되어 스스로 학습 목표를 정하고 학습 결과를 스스로 평가하는 것을 의미합니다.

인지학습에서 비인지학습으로

인간은 육체적 존재이면서 생각하는 존재이고 영적인 존재입니다. 전인은 정신과 신체와 영혼으로 이루어집니다. 그러나 우리가 학습을 말할 때 신체와 영혼은 거의 고려하지 않고 정신에서 일어나는 지적인 프로세스 정도로 이해하고 있습니다. 신체학습은 모욕적 발언을 들을 때 생기는 신체적 반응이 의사소통 기능을 합니다. 영적학습은 의미 만들기에 관한 것으로, 내면으로 돌아가서 삶의 의미와 가치라는 영적 측면의 기능을 학습합니다.

흔히 21세기를 평생학습시대라고 합니다. 학교 교육 시대에서 평생학습 시대로 변했다는 말입니다. 이미 학교 교육만을 강조하는 시대는 끝났습니다. 교육의 방식도 볼링형에서 탐구형으로, 뉴스 전달형에서 드라마형으로 바뀌어야 하고, 인재의 양성도 복제형 인간에서 창조형 인간으로 바뀌어야 합니다. 교육의 대상 또한 학령기 교육에서 모든 사람을 위한 학습으로 바뀌면서 인지학습에서 비인지학습 즉, 신체학습과 영성학습이 중시되어야 합니다.

신체학습은 경험을 통해서 배운다는 의미에서 경험학습과 연결됩니다. 경험에서 배우는 것은 즉각적이고 신체적이고 정서적입니다. 신체학습에는 오감학습, 정서학습, 만남학습이 있으며 신체학습은 감각학습으로부터 출발합니다. 중세의 3R's(Reading, Writing, Arithmetic)을 강조했다면 현대는 SHS's(Seeing, Hearing, Speech) 능력이 강조됩니다. 읽기는 인지와 인식과 해독의 능력으로, 듣기는 의미를 새롭게 구성하는 인지적 사고능력으로, 말하기는 자신의 의사를 잘 표현하는 능력으로 기능합니다. 영성학습은 의미 만들기에 관한 학습입니다. 영성은 명상, 요가, 기도와 같은 영적행동으로 나타나기도 하고 음악, 예술,

상징과 같은 표현으로 나타납니다. 영적학습은 의미와 가치문제 해결을 돕습니다. 영성은 신의 은총, 생명력, 영혼과 같은 단어를 사용하곤 합니다. 종교가 문서화된 교리를 가진 신앙 공동체라면 영성은 신의 뜻에 대한 더 개인적인 믿음과 의미부여에 관한 것입니다.

앞으로 우리 사회의 학습에 대한 화두는 비인지학습이 될 것입니다. 인지학습이 기억 중심의 교육이라면 신체학습은 깨달음 중심의 학습이고 영성학습은 가치 중심의 학습입니다. 저는 평생교육학자의 입장에서 신체학습과 영성학습을 선도하는 일에 게을리 하지 않을 것입니다.

50+ 2차 국가 의무교육

헌법 제 31조에는 모든 국민은 능력에 따라 균등하게 교육을 받을 권리가 있다고 명시되어 있고, 모든 국민은 그 자녀에게 적어도 초등교육과 법이 정하는 교육을 받게 할 의무가 있으며, 의무교육은 무상으로 한다고 규정되었습니다. 또한 교육법 제 8조는 모든 국민은 6년의 초등교육과 3년의 중등교육을 받을 권리가 있고, 국가와 지방자치단체는 의무교육을 위해 필요한 학교를 설치·운영해야 하며, 모든 국민은 그 보호하는 자녀에게 교육을 받게 할 의무가 있음을 규정하고 있습니다. 이에 따라 1994년 군 단위의 중등 의무교육을 시작하여 2001년 중학교 무상 의무교육이 전국적으로 시행되고 있죠.

우리 헌법 제 10조에는 모든 국민은 인간으로서의 존엄과 가치를 가지며 행복을 추구할 권리를 가진다고 모든 국민의 '행복추구권'을 규정하고, 교육기본법 제 3조에는 모든 국민은 평생에 걸쳐 학습하고 능력과 적성에 따라 교육받을 권리를 가진다는 내용으로 모든 국민의 '학습권'을 보장하고 있습니다. 또한, 개별 법령에 근거한 5대 법정 의무교육이 있습니다. 개인정보보호법 제 28조에 의한 개인정보 교육, 남녀고용평등법 제 13조에 의한 성희롱 예방교육, 장애인 고용촉진 및 직업재활법 제 5조에 의한 장애인 인식개선 교육, 산업안전보건법 제 31조에 의한 산업안전보건교육, 근로자 퇴직급여 보장법 제32조에 의한 퇴직연금교육 등으로 확장 시행되고 있습니다.

미국의 사회학자인 윌리엄 새들러William Sadler는 그의 저서 〈제 3기 인생: 40대 이후 인생의 2차 성장을 위한 6가지 원칙〉에서 제 3기 인생을 '40대 이후부터 건강하게 지내는 시기'까지로 보고 있습니다. 그는 제 3기 인생은 40대 이후 30~40년의 노화 과정을 겪으면서 일반적으로 기다리는 쇠퇴decline, 질병disease, 의존dependency, 우울depression, 노망decrepitude이 아니라 이를 배움과 의지와 노력으로 갱신nenewal, 갱생rebirth, 쇄신regeneration, 원기회복revitalization, 회춘rejuvenation으로 바꿀 수 있다고 합니다. 즉, 5D의 인생이 아니라 5R의 인생을 펼칠 수 있다고 말합니다.

백세 장수시대를 맞이하여 개인의 자아실현과 사회 구성원으로서의 당당한 삶을 위해서뿐만 아니라 국가의 존속과 발전을 위해 교육이 중요하다는 인식이 필요합니다. 따라서 교육기본법 또는 평생교육법에 근거를 마련해서 중년 성인을 대상으로 하는 국가 의무교육이 필요하다고 생각합니다. 국가 의무교육은 정하는 시기(50+: 55~65세의 신중년)의 국민이면 누구나 국가가 제공하는 의무교육의 기회를 제공해야 합니다. 의무교육은 대학이 중심이 되어야 하며 생애교육이 이루어져야 합니다. 의무교육은 퇴직준비 교육을 포함하고 인생 전반기(1,2기)에 가정과 사회를 위해 일군 업적을 되돌아보면서 인생 후반기(3,4기) 삶의 목표를 정해 어떻게 살아야 하는지에 대한 인식전환 교육이 절실히 요구됩니다.

21세기, 우리는 능동적으로 자아를 표출하고 스스로

주도권을 가지고 꿈을 실현 해야하는 시대를 살아가고 있습니다. 인간 개개인은 각자의 환경 속에서 개성을 발휘하며 삶을 주체적으로 새롭게 꾸며가야 합니다. 세상은 배움의 학교입니다. 우리는 인생 학교에서 충실한 학생으로 삶을 채워 가듯 그렇게 언제 어디서든 끊임없이 체험하고 모색하며 성장해 나가야 할 것입니다.

IV

봄

배움의 미래,
평생학습의 미래

교육의 앞날을 본다는 의미의 '봄'입니다.
현재 교육 상황에 대한 조언과
교육의 방향성을 제시해봅니다.
그리하여
우리의 교육과 학습이
따뜻한 '봄(春)'이 되기를 소망합니다.

"앎이 삶의 수단이 되고 희망이 되기를"

1. 지금, 우리 학교는

지난 2020년, 온라인상에서 '사흘'이라는 단어가 화두가 된 적이 있었습니다. 그해 8월 17일이 임시공휴일로 지정되고 일요일인 광복절을 포함해 월요일인 17일까지 3일 연휴가 되자, 언론들이 '사흘 연휴'라는 제목을 넣은 기사를 보도했기 때문입니다. 이에 일부 10대~20대 네티즌은 "그럼 4일을 쉬는 것이냐.", "3일인데 삼흘이 아니라 왜 사흘이라고 하는지 모르겠다." 같은 반응을 보였다고 합니다. 3일의 순우리말인 '사흘'을 몰랐다는 겁니다.

인터넷 커뮤니티와 SNS 등의 발달로 소위 MZ세대(밀레니얼+Z세대)의 국어 읽기 능력에 대한 우려가 커지고 있습니다. 유튜브가 있는데 왜 책(글)을 읽어야 하는지 잘 모르겠다고 말하는 어린이나 청소년들이 적지 않다고 합니다. 정규 교육에 밀려 읽기 교육이 등한시되고 있는 현실을 보여주는 예입니다.

경제협력개발기구OECD에 따르면, 한국의 국제학업성취도평가PISA 읽기 점수는 2006년 556점으로 1위였는데, 그 후 점수가 꾸준히 하락해서 순위도 6~11위 구간으로 떨어졌다고 합니다. 한편, 2015년에 OECD 회원국(35개국)과 비회원국(37개국)의 만 15세 학생을 대상으로 실시한 국제학업성취도평가PISA에서 우리나라 학생의 과학성적은 다섯 번째로 높았습니다. 그런데 이에 반해 흥미도는 26위로 OECD 평균 이하였습니다.

이런 결과들은 무엇을 말하는 걸까요?

우리나라 학생들의 성적은 짧은 시간 안에 단순 암기로 이루어진 결과물임이 여실히 드러난다는 뜻입니다. 호기심이나 흥미, 적성, 창의성과 같은 학생의 내적 동기 없이 경쟁과 평가를 위한 외적 동기로 거둔 씁쓸한 성취입니다.

한국의 교육은 꽤 오랫동안 점수로 서열을 매기고 탈락시키는 평가 시스템이 가동되고 있습니다. 그렇기 때문에 지식 암기가 경쟁력이었습니다. 하지만 이제는 시대도, 사람도, 다시 말해 학생들도 변하고 있습니다. 창의

력이 필요한 AI 시대에 지식 암기 위주의 시대착오적인 교육은 언젠가는 틀림없이 한계가 옵니다.

이쯤에서 교육의 의미를 잠깐 짚고 넘어갈까 합니다.

교육教育은 지식과 기술 등을 가르치며 인격을 기르고 닦는 일입니다. 교육을 뜻하는 영단어인 'education'은 밖으로 이끌어낸다는 의미의 라틴어 'educare(에듀카레)'에서 기원하죠. 사람이 가진 잠재적 역량을 교육을 통해 이끌어 내어 그 잠재성이 발현되도록 돕는다는 뜻을 내포한 것입니다.

교육의 본질적 목표는 이 외에도 각 개인이 특징·장점·개성을 발휘할 수 있도록 다양성을 존중하는 것, 국가 발전의 원동력이 될 수 있도록 학문적 수월성을 끌어올리는 것, 사회적 신분 이동의 사다리 역할을 할 수 있도록 기회를 균등하게 제공하는 것입니다. 그런데 이 본질적 목표들이 우리 사회에서 모두 무너지고 있습니다.

1945년 해방 후 과도기인 미군정 시기를 거쳐 체계적인 우리 교육이 시작된 것은 1948년 정부 수립 이후라 할 수 있습니다. 1949년 12월 31일 교육법이 공포되고 1952년 6-3-3-4 학제의 기간 학제가 완비되었습니다. 그 후, 1992년에서 1994년 사이 중학교 의무교육이 전면 확대되고 1994년 대학 수능시험이 도입되었죠. 중학교 무상 의무교육이 정착되고, 2009년 개정된 미래형 교육과정을 거쳐 지금은 「2015년 개정 교육과정」이 교육 현장에 도입·적용되고 있는데, 개정된 교육과정에서는 '창의융합형 인재상'을 제시합니다. 이 용어는 '인문학적 상상력과 과학 기술 창조력을 갖추고 바른 인성을 겸비하여 새로운 지식을 창조하고 다양한 지식을 융합하고 새로운 가치를 창출할 수 있는 사람'으로 정의됩니다. 그런데 현재의 한국 교육은 과연 이 용어를 얼마나 받아들일 수 있을까요.

1989년, 대학생 과외가 허용되고 재학생들은 방학 기간에도 학원 수강을 할 수 있게 되면서 사교육이 보편화되기 시작했습니다. 그러면서 가계 지출에서 사교육이 차지하는 비율이 많아지게 됩니다. 그러다보니 1990년대 이후는 부모의 경제력이 학생들의 학력에 커다란 영향을 끼치는 주요 요인이 되었죠. 영·유아 시기부터 시작하는 조기 교육 비용이나 청소년기 자녀의 해외연수 비용 등을 서민이 감당하기는 버거운 액수였습니다. 갈수록 늘어가는 사교육 지출 비용은 계층 간 불평등을 심화시키는 사회적 문제로까지 확대되고 있습니다. 고소득 부모일수록 자녀에게 집중적으로 지원할 수 있는 물질적·정신적 여력이 많다 보니 소득과 자녀의 입시 성공은 비례하게 되어 갑니다.

게다가 정부의 꾸준한 평준화 정책도 한몫을 했습니다. 획일적인 잣대로 규제하고 다양성을 훼손하면서 공교육의 하향 평준화가 꾸준히 이루어진 결과, 경제적 여유가 있는 사람들은 점점 더 사교육을 찾게 되고 저소득층과 격차는 되레 커지게 된 것입니다. 이제 '개천에서 용 나기'는 옛말이 될지도 모릅니다. 이렇게 시대가 바뀌었는데도 21세기 학교 현장에서는 아직도 시험 위주의 실정에서 벗어나지 못하고 있는 것입니다.

교육 당국이 아무리 교육과정을 개정하고 개성 신장 교육, 창의 교육을 구현하는 교육과정을 개발한다고 해도 경쟁을 부추기고 과정보다 결과만을 평가하는 사회 분위기가 바뀌지 않으면 아무 소용이 없습니다. 더불어 지금과 같은 교육과 학교의 양상까지 변하지 않으면 안 될 것입니다.

최근 '지금 우리 학교는'이라는 드라마가 인기리에 방영되었습니다. 좀비 바이러스가 퍼진 한 고등학교에 고립된 이들, 그리고 그들을 구하려는 사람들이 극한의 상황을 겪으며 벌어지는 이야기입니다.

그렇다면 현실 세계 속 '지금 우리의 학교는' 어떨까요?

암울한 분위기의 학교부터 드라마와 비슷해 보입니다. 그리고 그 속에서 과도한 경쟁에 내몰린 채 암기 위주의 교육을 받는 학생들 또한 드라마 속 좀비와 크게 다르지 않다고 여겨지는 것, 이것이 그리 심한 비약은 아닐 것이라는 확신이 그저 씁쓸할 따름입니다.

2. 노인을 위한 나라는 있다

요즘 어디를 가든 직원 대신 무인 정보 단말기인 '키오스크Kiosk'를 상대해야 할 때가 많아졌습니다. 그런데 키오스크로 뭔가를 주문할라치면, 꽤 많은 선택과 복잡한 단계를 거쳐야 주문이 완료되다 보니 디지털화에 익숙하지 않은 사람들에게는 당황스러운 존재입니다. 그래서 도중에 포기하거나 시도조차 못한다고 합니다.

사회>

"주문 포기하고 돌아섰다"…비대면 시대, 키오스크·QR코드에 고립된 노인들

코로나로비대면 디지털화에 진땀 흘리는 노인들
QR 체크인 어려워 "출입 자체가 두렵다"

"키오스크에서 버튼을 누르다 첫 화면으로 돌아갔는데 뒷사람이 눈치를 주더라 뒤를 돌아보니 줄이 길어 주문을 포기하고 그 자리에서 도망쳤다."

젊은 층도 키오스크 이용 어려운데 공감…

"노인들 오죽하겠나"

젊은 세대들 역시 노인들이 비대면 주문 시스템에 어려움을겪을 것이라는데 공감했다 어린 시절부터 비대면 주문에 익숙한 중·고등학생은 "쉽다"는 반응이었지만 20대 청년들만 해도 "비대면 주문 시스템이 낯설다"며 노인들의 하소연을 이해한다는 반응이 많았다.

'키오스크'는 언제부터인가 점점 우리 삶의 일부가 되어가고 있습니다. 코로나19의 영향인지 비대면 주문을 받는 곳이 늘어났습니다. 패스트푸드점은 이제 키오스크가 없는 매장을 찾아보기 힘들고 영화관도 물론이거니와 음식점에서도 많이 도입되고 있습니다. 은행 ATM부터 병원비 수납 등 생활 전반으로 무인 시스템이 빠르게 확산되고 있습니다. 물론 더 적은 인력으로 빠르고 편리하게 업무를 처리할 수 있다는 것은 장점일 것입니다. 젊은 사람들은 사람보다 기계가 편하다고 말하기도 합니다. 하지만 노인들에게는 다르죠.

최근 한 SNS에서, 자신의 어머니가 햄버거 매장의 키오스크 조작이 미숙해 20분을 헤매다 포기한 일을 이야기하시며 설움에 복받쳐 눈물을 보이셨다는 글을 봤습니다.

'노인을 위한 나라는 없다'라는 영화가 있습니다. 이 영화의 제목은 노벨문학상 수상자이기도 한 시인 '윌리엄 예이츠'의 시구 'There is no country for old men'에서 따온 것이라고 합니다. 동명의 소설을 코엔 형제가 영화화했는데, 여기에서 노련하고 나이든 보안관은 무자비한 악당을 감당하지 못해 은퇴합니다. 그는 할아버지와 아버지에 이어 평생 마을의 치안을 지켜온 자부심 강한 보안관이었지만, 결국 낯선 현실과 잔혹한 악당 앞에서 무기력해진다는 내용입니다.

이 영화에서는 노인인 주인공을 쓸모없는 사람으로 만드는 것은 세상의 무자비함과 잔혹함이지 적어도 주인공의 '나이'는 아닙니다. 하지만 우리의 현실은 다릅니다. 노인이 되는 순간 '키오스크'로 대표되는, 그들에게 결코 우호적이지 않은 현상들과 사람들, 분위기들을 만나게 됩니다. 빠르게 변하는 세상이, 단지 나이가 들었을 뿐인 그들을 이방인으로 만드는 것입니다.

나이가 들면 신체적 능력과 지적 능력이 약해지는 것

은 자연스러운 현상이지만 단지 그런 이유만으로 홀대를 받아서는 안 됩니다. 연령주의는 고령화 사회의 적입니다. 특히 고령사회에서는 더 다양한 세대가 공존할 수밖에 없습니다. 일하고 공부하고 노는 데에 나이가 제약이 되지 않는 사회로의 변화가 불가피해진 것입니다.

세상은 달라지고 있습니다. '내 나이가 어때서'를 외치는 '액티브 시니어Active Senior'가 등장하고, 노년이 되어도 젊은이들의 라이프 스타일을 유지하는 신중년층이 늘어남에 따라, 물리적 신체 나이와 환경적 나이가 반비례하는 현상이 나타나고 있습니다.

또, 노년기를 어떻게 보내야 할지에 대한 '액티브 에이징Active Aging' 이슈도 주목받고 있습니다. '활동적 노화', 즉 활기찬 노년을 뜻하는 액티브 에이징은 노인의 적극적인 사회참여를 통한 건강 유지와 안전한 삶의 보장을 말합니다. 세계보건기구WHO는 액티브 에이징을 나이가 들어서도 삶의 질을 높이기 위해 '참여, 건강, 안전'의 기회를 극대화하는 과정으로 정의하고 있죠. 이 개념은 노화의 과정을 거부하고 시간을 되돌리려고 하는 안티 에이징Anti Aging과는 다릅니다. 적극적으로 자신을 관리하면서 노화를 받아들이자는 의미이죠. 최근 웰빙과 건강이 행복의 기본 조건으로 떠오르면서 하나의 사회현상으로 나타나고 있습니다.

변화하는 현재의 시대를 살아가기 위해 이제 '배움'은 생필품과 같은 존재가 되어버렸습니다. 평생학습은 개인에게는 삶의 질을 결정하고 개선시켜서, 보다 인격적이고 만족스러운 삶을 영위하도록 합니다.

무엇보다 평생교육의 가장 큰 목적은 인간의 삶의 질을 높이는 것입니다. 자기개발은 10년, 20년, 그 이상 평생 계속되어야 합니다.

교육기본법 제 3조(학습권)는 '모든 국민은 평생에 걸쳐 학습하고 능력과 적성에 따라 교육받을 권리를 가진다.'입니다. 또한 10조(평생교육)는 '전 국민을 대상으로 하는 모든 형태의 평생교육은 장려되어야 한다.'입니다.

인간이 장수하는 사회에 살아가고 있다는 것은 축복입니다. 하지만 준비되지 않는 장수는 재앙이 될 수도 있기에 저는 오늘도 평생교육을 부르짖습니다. 제가 사회에 평생교육을 제공하는 마중물의 역할을 자처'함'의 가장 큰 이유이기도 한 것입니다.

평생교육이 있는 한, 노인을 위한 나라는 있습니다.

3. 평생교육의 골든타임

지난 2016년 3월, 전 세계의 이목이 한국의 바둑판에 쏠렸습니다. 구글 딥마인드의 하사비스가 개발한 AI(Artificial Intelligence:인공지능) 바둑프로그램인 '알파고AlphaGo'가 세계 최정상급 프로기사인 이세돌 9단과 승부를 벌였기 때문입니다.

전문가 대다수가 이세돌의 우세를 전망했었습니다. 하지만 예상과 달리 이세돌이 1:4로 패배했고, AI의 위력을 생중계로 지켜본 많은 사람들은 큰 충격에 빠졌습니다. 저도 마찬가지였습니다. AI의 위력을 실감하며 경외심과 동시에 두려움을 느낀 계기가 되었습니다. 나아가 AI가 우리 사회를 통째로 무너뜨릴 것이며, AI를 모르면 평생 아마추어로 살 수 밖에 없을 것임을 직감했습니다.

저는 2022년 4월부터 서울과학종합대학원 AI 전략경영 MBA 과정에서 AI학습을 경험했습니다.

이세돌과 AI의 대결 후 실제로 채 몇 년이 지나지 않아 인공지능은 어느덧 우리 일상생활에 깊숙이 들어와 있습니다. 사람들은 AI 스피커와 대화를 하고 AI 기술로 컨트롤할 수 있는 가전제품을 사용합니다. 또, AI가 취향을 분석해서 각 개인에게 맞춤형 쇼핑 정보도 제공하며 개인의 취향에 맞는 영상까지 추천해 줍니다. 그리 오래지 않아 AI 기술의 집약체라 할 수 있는 자율주행 자동차들로 도로가 가득 차게 될 날이 올 것입니다.

AI의 등장은 이미 세계 비즈니스 지도를 바꿔 놓고 있습니다. AI 기술 기반의 스타트업들이 글로벌 뉴 비즈니스를 만들어내고, 기존 대기업들도 저마다 AI 전담 조직을 만들어 미래를 대비하고 있죠. 얼마 전에는 한 대기업에서 개발한 AI 디자이너가 뉴욕 패션위크에 데뷔하기도 했습니다. 이제 AI가 할 수 있는 일보다 못하는 일을 찾는 게 더 힘들 정도입니다. 이렇게 AI가 대세가 되어가는 흐름을 부정하는 사람은 없을 것입니다. 이제 사람들뿐 아니라 AI와도 경쟁을 해야 하는 치열한 시대가 된 것입니다. 이런 경쟁 사회에서 생존하기 위해서는 무지와의 싸움에서 이겨야 합니다. 그래서 필요한 것이 평생교육, 평생학습입니다. 제가 평생교육을 펼치고자 '함'도 이런 이유에 있습니다.

우리나라는 2025년에 이르면 65세 이상 고령자가 전체 인구 20%를 넘어서는 초고령화 시대를 맞게 됩니다. 무엇보다 평균 수명이 80세를 넘어 장수하는 사람들이 늘어나면서 100세 삶이 보편화되는 '호모 헌드레드Homo Hundred 시대'도 도래했습니다. 앞선 세대보다 더 오랜 사회 활동과 더 많은 소비 활동이 생기는 것은 당연한 사실이기에 자연스럽게 평생학습에 대한 관심과 중요성이 커지고 있습니다.

세계는 매우 빠르게 변하고 있습니다. 과거 100년의 변화가 50년으로, 그리고 이제는 더 짧은 기간으로 단축되고 있습니다. 비대면 사회, 디지털 전환이 가속화되면서 모든 분야의 혁신의 속도가 빨라지고 있는 것입니다. 앞으로 변화는 더욱 가속화될 것이고 지식과 기술의 평균수명 주기도 훨씬 짧아질 것입니다. 지난해 지난달, 또는 어제 배웠던 지식이 구태의연한 것이 되어버리는 환경에서 살아가고 있습니다.

예전에는 한번 배운 지식으로 수 십 년을 지속적으로

활용할 수 있었지만 지금은 고작 몇 년 밖에 사용할 수 없기에 날 때부터 무덤으로 들어갈 때까지 일생 동안을 계속해서 교육을 받아야 하는 것입니다. 그래서 평생교육을 '요람에서 무덤까지'라는 말로 표현하곤 합니다. 그야말로 태어나서부터 생명을 다할 때까지 인간은 자연스럽게 배우고 익히며 살아간다는 의미이죠. 이런 상황에서는 새로운 지식을 민감하게 소화해서 실천해야만 시대 변화에 뒤떨어지지 않고 살아갈 수 있습니다.

미국의 철학자이자 교육자인 '존 듀이John Dewey'는 '진정한 교육은 학교를 떠난 후에 이루어지고 죽음 전에 그것이 중단될 이유는 없다.'고 했습니다.

현재, 교육은 학교를 넘고 국가를 넘어 일상의 모든 곳으로 가파르게 확장되고 있습니다. 의외로 많은 젊은이들이 배움의 기회를 놓치고 살아가는 일이 힘들다고 합니다. 사실 공부는 빨리하고 늦게 하고의 차이가 별로 크지 않습니다. 혹시 지금 의기소침해있거나 소외감, 열등감에 빠져 있다면 망설이지 말고 배움을 시작하십시오. 마음껏 공부하고 자신의 꿈을 마음껏 펼치기 바랍니다.

사고가 발생했을 때, 치료가 이뤄져야할 최소한의 시간을 '골든타임'Golden Time이라고 합니다. 환자의 생과 사를 결정짓는 중요한 시간이죠. 급성 심근경색은 4~5분

이내, 심정지는 4분 이내, 항공사고 탈출은 90초 이내, 산불사고 탈출은 30분 이내라고 합니다. 하지만 배움에는 골든타임이 없습니다. 모든 배움의 시간이 골든타임입니다. '10년, 아니 5년, 아니 1년 전에만 시작했어도.'라는 뼈저린 후회를 하며 살지 않게 되기를 바랍니다.

4. 어느 멋진 날

어느 영화의 주인공은 철길 위에 서서 달려드는 기차를 마주보며 두 팔을 벌린 채 '나 돌아갈래!'라며 절규합니다. 그는 현재의 상황에 대한 통한의 후회를 하며 20년 전으로 다시 돌아가기를 간절히 원합니다. 하지만 시간을 되돌리는 것은 현재의 과학기술로는 불가능합니다. 그런데 여기에 당당하게 도전한 사람들이 있습니다.

우리나라는 평생교육법 제 39조 2항(문해교육센터 설치 등)에 의거, 문해(문자해득)교육 활성화를 위해 출범한 국가평생교육진흥원 '국가문해교육센터'가 있습니다. 성인 문해 교육 지원 사업을 통해 비문해 및 저학력(초등학교 또는 중학교 졸업 미만) 성인의 기초 문해 능력 향상 지원, 교육의 기회를 놓친 성인에게 제 2의 교육기회를 제공해서 생활능력 향상 및 사회 활동 참여 기회 확대로 삶의 질을 향상하는데 기여하고자 하는 사업입니다. 2006년부터 비문해 저학력 성인을 대상으로 기초 한글 및 셈하기, 기초 영어 교육 과정 등을 제공하고 있습니다.

문해 능력은 단지 글을 읽고 쓸 줄 아는 능력이 아니라, 모든 교육의 토대가 되는 인간 생활의 가장 기본적인 능력으로, 개인이 교육받을 수 있는 권리를 실현하는 기본 전제입니다. 모든 국민이 가져야 할 '권리'인 것입니다. 알기 위한 학습, 행하기 위한 학습, 함께 살기 위한 학습, 존재하기 위한 학습의 개념이라고 할 수 있습니다.

국가문해센터에서 해마다 열리는 전국성인문해교육 시화전에서 수상한 작품들을 보고 있으면 늦깎이 학생들의 감동어린 글귀들이 참 인상적으로 다가 옵니다. 그 중 두 작품을 소개해보겠습니다.

시 '숨바꼭질'은 2019년 문해교육 시화전에서 최우수상을 받은 정을순 할머니의 작품입니다. 처음 한글을 배운 할머니가 농기구 안에 'ㄱ(기역)'이 있고, 곶감 안에 'ㅎ(히읗)'이 숨어 있듯이 일상의 모든 것에 글자가 숨어있다는 것을 알게 되었다는 배움의 기쁨을 표현한 작품입니다.

경남 거창군청 문해교실에 다니는 정을순 할머니는

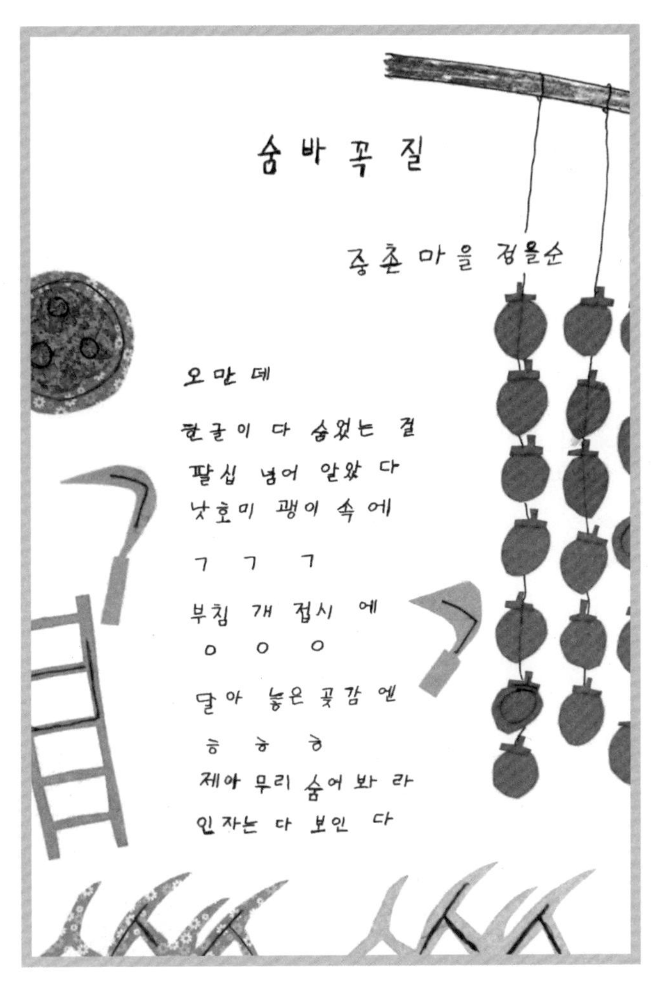

정을순, [숨바꼭질]
2019년 전국 성인문해교육 시화전(최우수상)
소속: 거창군청 문해교실

여든이 넘어 한글 공부를 시작했다고 합니다. 할머니 말씀처럼 '연필도 안 잡아 보고' 80년을 보냈지만, 지금은 낮에는 농사를 짓고 밤에는 한글을 배우는 주경야독晝耕夜讀을 실천하고 계십니다.

2020년에는 경남 성인문해교육 시화전 출품작 70편을 모은 책을 펴냈는데, 이 책의 제목이 눈에 띕니다. 바로 〈어느 멋진 날〉입니다. 예순 일곱 명의 할아버지, 할머니가 소년과 소녀로 돌아간 모습을 상상해보고, 그들의 삶에 대한 진실한 자세와 겸손함을 엿볼 수 있는 작품집입니다.

경남 문해교실 67인 (지은이),초록담쟁이 (그림) 책숲놀이터 출간

젊은 시절, 먹고 살기 바빠서 또는 자식들 키워내느라, 그것도 아니면 여자는 많이 배우면 안 된다는 구시대의 선입견 때문에 학령기를 놓친 어르신들은 많습니다. 하지만 전국의 많은 어르신들은 시간을 거꾸로 돌려 즐거이 배움을 실천하고 계십니다.

꿈과 호기심을 가지고 배우는 태도를 가진 사람들의 삶은 건강합니다. 저는 가르치는 입장이다 보니 많은 학습자들을 만나는데, 배움을 늘 곁에 두는 이들은 모두 나이와는 전혀 상관없이 유난히 눈빛이 빛나고 표정은 밝고 매사에 여유가 있으며, 나이보다 훨씬 어려보이는 것을 느끼곤 합니다. 배움이라는 것은 우리의 삶을 풍요롭게 해주는 원동력이기 때문입니다. 그러니 배움에서 나이 따위는 개의치 않아야 합니다.

> '이 나이에 배우긴 뭘 배워?'
> '나이 들어 배워서 어디다 써먹을라고?'
> '이젠 머리가 굳었을 텐데……'
> '할머니, 할아버지가 시를 쓴다고?'
> '노인들이 운동을 배우는 건 위험하지!'

늦깎이 배움을 선택한 본인이나 이를 지켜보는 사람

들의 머릿속에 이런 생각이 떠오른다면 이것은 모두 편견이며 선입견입니다. 우리 주위에는 70대의 인라인스케이터도, 20년째 패러글라이딩을 타는 80대 어르신도, 각종 대회에서 상을 휩쓰는 평균연령 80세가 훌쩍 넘는 댄스스포츠 팀도 있죠. 세계 3대 방송상인 에미상 후보에 오른 할머니 래퍼들 소식 정도는 이젠 그렇게 놀랄 일도 아닙니다.

사람은 누구나 두 마리의 개를 키운다는 말이 떠오르는 순간입니다. 사람들이 평생 키우고 있는 그 개들의 이름은 바로 '편견'과 '선입견'이라고 하죠. 단지 우스갯소리라고만 치부하기에는 많은 생각이 들게 하는 말입니다.

선입견에 관한 수수께끼 하나를 소개해보겠습니다.

어떤 사람이 수레를 끌고 언덕을 올라가고 있었습니다.

뒤에서는 젊은이가 수레를 밀고 있었습니다.

수레를 미는 젊은이에게 물었습니다.

"앞에서 수레를 끄는 분이 아버지이십니까?"

"네."

이번에는 앞에서 수레를 끌고 가는 사람에게 물었습니다.

"뒤에서 수레를 미는 젊은이가 당신 아들입니까?"

"아닙니다."

자, 앞뒤가 맞지 않은 두 사람의 대답에 숨겨진 오류는 무엇일까요?

정답은 생각보다 단순합니다. 뒤에서 수레를 미는 '젊은이'는 수레를 끄는 사람의 '아들'이 아니라 '딸'이었던 것입니다. 수레를 미는 것처럼 힘쓰는 일을 하는 사람은 남자라는 선입견을 지적하는 문제인 것이죠. 또한, 이렇듯 우리는 일생 동안 일상에서 너무나 많은 선입견을 갖고 있습니다.

여러분이 키우고 있는 두 마리 개를 늘 조심하고 경계하십시오. 그 조심성과 경계심을 자신에게도 똑같이 적용하십시오. 그래야 앞으로 나아갈 수 있습니다.

나이를 떠나, 지금, 행복한 삶을 위해 무엇이든 한번 즐겁게 배워보십시오. 노래든 춤이든, 컴퓨터든, 아니면 다도茶道나 맛있는 요리도 좋겠습니다.

마지막으로 간절한 소망을 하나 더 적어봅니다.

평생교육을 선택한 이들의 모든 날들이 '어느 멋진 날'이기를…….

5. 미래 교육을 말하다

교육은 깨끗한 물이나 맑은 공기처럼, 거처할 집처럼 다른 이가 빼앗을 수 없는 또 빼앗아서는 안 될 인간의 권리입니다. 그런데 이러한 인간 본연의 생래적 권리를 전통적으로 교수하고 학습하는 것만으로는 충분히 누릴 수 없습니다. 저는 그래서 미래의 교육은 '인지학습'보다 '경험학습'을 더 강조해야 할 것으로 생각합니다. 대표적인 경험학습에는 오감학습, 정서학습, 만남학습, 또는 혼자학습, 함께학습 등이 있습니다.

'오감학습'은 소리, 시각, 냄새, 맛, 접촉이라는 다섯 감각으로부터 학습이 이루어진다는 것입니다. 일상에서 익숙하지 않은 상황과 직면할 때 신체의 감각이 기능하기 때문입니다. 새로운 사람을 만나거나 새로운 소리를 듣거나 새로운 단어를 접할 때 익숙하지 않은 순간에서 감각이 그 새로운 의미를 습득합니다. 즉 첫 감각이 지식, 기술, 태도, 가치, 정서로 전환된다는 것입니다. '정서학습'은 희로애락喜怒哀樂과 같은 자기 자신의 감정과 생각을 정리해서 자신과 타인과의 관계를 연결하는 학습을 말합니다. 모든 경험에는 강력한 정서적 차원을 가지고 있으며 정서에 영향을 받지 않는 어떠한 행동이나 사고는 없습니다. 정서학습은 기억의 힘을 증가시키고 경험의 내용을 기억해내는 것을 돕고 또한 의미를 부여하는 학습을 합니다. '만남학습'은 말 그대로 다른 사람과의 만남을 통한 학습입니다. 인간은 본능적으로 새로운 사람을 만나는 것을 좋아하고 만날 수밖에 없습니다. 만남에는 우연한 만남과 특별한 만남이 있습니다. 두 종류의 만남 중 특별한 만남을 디자인하자는 것이 만남학습에 담긴 의미라 할 수 있겠습니다.

한편 우리는 정치혁명, 시민혁명, 산업혁명 그리고 교육혁명 등 혁명의 일상화 또는 일상의 혁명화 속에서 살아가고 있습니다. 교육의 역사는 도제교육에서 학교교육으로, 학교교육에서 평생교육으로 큰 변화가 진행되고 있습니다. 중세기 도제교육에서 젊은 남자 견습공이 대장장이가 되기 위해 배우는 것과 21세기 4차 산업시대 평생교육에서 배워야 할 내용과 방식은 달라졌습니다. 자기주도적학습을 포함한 모든 교육은 학습자가 살고 있는 세계와 고립되어 일어나는 법은 거의 없고 그 세계와 긴밀하게 관련을 맺으며 영향을 받게 됩니다. 평생교육은 학교가 교육을 독점하는 것을 인정하지 않습니다. 평생교육은 청소년의 발달뿐만 아니라 성인의 발달 곧 청소년기와 대등한 발달의 여지가 있다는 것을 정상적인 것으로 보고 교육과 학습이 이루어집니다. 미래교육은 당연하게도 평생교육에 근간을 두고 진화해 나갈 것입니다.

2017년 하버드 경영대학원 클레이튼 크리스텐슨 교수는 "10년 안에 미국 내 절반의 대학이 파산한다."고 했습니다. 테슬라의 CEO 일론 머스크도 "일을 하는데 학위는 필요 없다. 학력 대신 실력을 보겠다."며 대학졸업장 대신 코딩 테스트로 인력을 채용하겠다고 선언했습니다. 2020년 7월 구글, 마이크로소프트는 대학교 졸업생을 필요로 하지 않으며 그들이 만든 3~6개월의 기술 과정을 수료해야만 원서를 낼 수 있다고 발표했습니다. 이처럼 대학의 졸업은 사회에 진출하는 필요충분조건이 될 수 없게 되었습니다. 바로 미래교육 트렌드의 일면을 짐작할 수 있겠지요.

아시는 바와 같이 '코세라coursera'는 2012년 스탠퍼드 대학교 컴퓨터학과 앤드류 응 교수와 다프네 콜러 교수가 설립한 온라인 공개강의 서비스입니다. 코세라의 강의는 무료가 원칙이지만 수료증을 취득하려면 일정 금액을 지불해야 합니다. 강의는 4-6주부터 4-6개월 과정으로 운영 됩니다. 검색 기술도 혁신되고 있습니다. 과거에는 어려운 문제가 생기면 도서관에 가서 많은 시간을 내어 조사한 후 답을 찾았다면, 앞으로는 검색엔진을 사용해 몇 분 만에 답을 찾을 수 있습니다. 학습은 교실이 아닌 다양한 곳에서 시간과 장소에 상관없이 진행될 것입니다. 세상 모든 곳이 교실입니다. 말하자면 '지구는 인류의 학교이고 인간은 자연의 학생이 된다'고 말할 수 있습니다.

최근 피할 수 없는 시대적인 추세는 '메타버스Metaverse'의 등장입니다. 메타버스는 초월적 3차원 가상공간을 말합니다. 현실에서 행하고 있는 사회 문화 경제 등의 제반 일상생활을 가상공간에서도 가능토록 하는 것인데 이로 인해 조만간 메타버스를 활용하는 사람과 못하는 사람사이의 간격, 소위 말하는 메타버스 디바이드divide가 커질 것입니다. 미래교육은 이를 반영하게 될 것입니다.

또 한편, 미래교육은 학습도시와 학습조직의 경향이 강화됩니다. 학습도시는 학습을 도시 발전의 핵심으로 봅니다. 학습도시는 모든 분야의 시민들이 사회적, 경제적, 문화적, 환경적 조건을 개선하기 위해 힘을 모으는 공동체 개발의 한 형태가 될 것입니다. 학습도시에는 모든 연령의 시민들이 여러 분야의 학습에 참여하고 자연스럽게 '학습거리'Learning Streets, '학습가족'Learning Family이 등장할 것입니다.

학습조직은 자신이 진정으로 원하는 결과를 창조하는 능력을 끊임없이 확대할 수 있고, 새롭고 개방적인 사고방식을 기를 수 있으며, 집단적 목표에서 벗어날 수 있고, 같이 행동할 수 있는 방법에 대해 끊임없이 학습할 수 있는 기구를 말합니다. 학습조직은 활기찬 사회적인 실체이며 함께하는 개인학습은 전체학습으로 이어집니다. 전체학습 즉, 조직학습은 개인의 힘보다 크다는 점과 학습하는 개인을 통해야만 조직이 학습할 수 있습니다. 결과적으로 학습하는 개인을 통해서만 개인과 조직, 그리고 사회가 발전할 수 있다는 점입니다.

유네스코UNESCO가 이미 지난 1996년 21세기 교육의 4

대 목적으로 "학습: 우리 속에 감추어진 보물(Learning: The Treasure Within)" 보고서에는 '존재를 위한 학습'(Learning to Be), '알기 위한 학습'(Learning to know), '행하기 위한 학습'(Learning to do), '더불어 살기 위한 학습'(Learning to live together)을 제시한 바 있습니다.

앞으로 미래 교육은 '만인을 위한 평생 학습(Lifelong Learning for All)'이고, '지속가능한 발전교육(Education for Sustainable Development)', '존재를 위한 학습(Learning to Be)'을 나아갈 지표로 삼아 세계시민을 위한 교육과 학습으로써 평생학습사회가 지향하는 바가 될 것입니다.

오랜 세월이 지난 후 어디에선가
나는 한숨지으며 이야기할 것입니다
숲 속에 두 갈래 길이 있었고, 나는…
사람들이 적게 간 길을 택했다고
그리고 그것이 내 모든 것을 바꾸어 놓았다고

시인 '프로스트'의 '가지 않은 길'에서처럼 삶이란 수많은 지름길과 둘러가는 에움길 사이에서 선택을 고민하는 긴 여정입니다. 그런데 누구한테나 인생은 초행길이기에 지름길을 택할지 에움길을 택할지 늘 선택의 기로에 서게 됩니다. 지름길로 가면 일찍 다다르지만 그만큼 삶에서 누락되고 생략되는 게 많을 것입니다. 에움길로 멀리 돌아가면 고통과 시련, 실패도 겪을 수 있겠지만 많은 것이 눈에 들어오겠지요. 새 소리와 바람 소리를 들으며 꽃구경도 하고, 친구들과 사람 이야기를 나누게 될 것입니다.

삶은 길을 가는 것이기에 많은 길에 비유되곤 합니다. 인생에 탄탄대로가 있다면 고생길도 있고 가시밭길도 있을 것이며, 인생의 오르막길과 내리막길이 번갈아 나타날 수도 있습니다. 그런데 어떤 길에 서 있든 인생길을 가는 누구에게나 똑같은 시간이 주어집니다.

'시계는 고장나지만 시간은 결코 고장나지 않는다.'는 말이 있습니다. 그렇습니다. 시간은 고장날 일이 없었습니다. 과학의 발달도 멈출 기세가 보이지 않습니다. 거대한 미래의 파도가 몰려오기 전에 우리가 지금 무엇을 해야 하는가를 고민해야 할 시기입니다. 또한 시간은 고장나지 않기에 우리를 배신하지도 않을 것입니다. 누구에게나 공평하게 주어집니다. 앞으로 펼쳐질 시간은 모두 우리의 것입니다. 우리에게, 나 자신에게 시간은 결코 고장나지 않을 기회이며, 새로운 시작을 위해 언제나 준비되어 있는 무궁무진한 기회인 것입니다.

'시간이 부족해!'
'지금도 괜찮아.'
'나는 평화로워.'

이 세 가지 말은, 앞서 소개했던 〈연금술사〉의 저자 파울로 코엘료가 꿈을 죽이는 세 가지 변명으로 꼽은 것입니다. 우리는 혹시 이런 변명을 일삼으며 꿈을 죽이며 살고 있지는 않는지요.

저는 배움이란 자신이 가고 싶은 길을 스스로 찾고 그 길을 향하도록 안내하는 것이라고 생각합니다. 그리하여 저는 모든 사람들이 배움의 기회를 공정하게 가질 수 있도록 안내하는 평생교육의 전도사, 평생교육 멘토, 그리고 열정적인 평생교육의 연금술사를 꿈꾸며, 그 꿈을 이루기 위해 노력할 것임을 다시 한 번 다짐합니다.

함께 꿈을 꾸면, 더 나은 세상이 됩니다.

50년 샐러던트 신재홍의 평생학습 기록

배움에 골든타임은 없다

초판1쇄 발행 2022년 8월 8일

지은이 신재홍
펴낸이 신민식
펴낸곳 가디언
출판등록 제2010-000113호(2010.4.15)
주 소 서울시 마포구 토정로 222 한국출판콘텐츠센터 306호
전 화 02-332-4103
팩 스 02-332-4111
이메일 gadian7@naver.com
홈페이지 www.sirubooks.com

정가 12,000원
ISBN 979-11-6778-048-5 (03370)

* 책값은 뒤표지에 적혀 있습니다.
* 잘못된 책은 구입처에서 바꿔 드립니다.